HISTORIQUE

DU

114ᵉ RÉGIMENT D'INFANTERIE

RÉDIGÉ PAR ORDRE

Du Colonel BERTRAND

Commandant le Régiment

PAR

Le Capitaine M.-J. BERTAUX

Ouvrage honoré d'une Souscription du Conseil général des Deux-Sèvres

NIORT

IMPRIMERIE TH. MERCIER

1, Rue Yvers, 1

1892

HISTORIQUE

114ᵉ RÉGIMENT D'INFANTERIE

SARAGOSSE · 1809 · · · 14 · · · LÉRIDA · 1810 ·

MONTSERRAT · 1811 ·

SAGONTE · 1811 ·

HISTORIQUE

DU

114ᴱ RÉGIMENT D'INFANTERIE

RÉDIGÉ PAR ORDRE

Du Colonel BERTRAND

Commandant le Régiment

PAR

Le Capitaine M.-J. BERTAUX

Ouvrage honoré d'une Souscription du Conseil général des Deux-Sèvres

NIORT

IMPRIMERIE TH. MERCIER

1, Rue Yvers, 1

1892

LISTE DES RÉGIMENTS

Qui ont occupé le 114ᵉ rang ou qui ont porté le numéro 114

Avant la Révolution

Régiment de *Perri* (Corse),   du .... 1706 au 28 janv. 1715.
Régiment des *Landes*,   du 28 janv. 1715 au 10 mars 1749.
Royal-Pologne (Allemand),   du 10 mars 1749 au 20 mars 1757.
La Dauphine   (id.),   du 20 mars 1757 au 20 mars 1758.
Saint-Germain   (id.),   du 20 mars 1758 au 18 janv. 1760.
Horion (Liégeois),   du 18 fév. 1760 au 25 nov. 1762.

Période de la Révolution

114ᵉ Demi-Brigade, du 23 avril 1795 (4 floréal an III) au 23 septembre 1798.

Empire

114ᵉ Régiment d'infanterie de ligne, du 30 août 1808 au 29 juillet— 1ᵉʳ octobre 1814.

Epoque contemporaine

14ᵉ Régiment de marche,   du 23 août 1870 au   1ᵉʳ nov. 1870.
114ᵉ Régiment d'infanterie,   du   1ᵉʳ nov. 1870 ....

PREMIÈRE PARTIE

AVANT LA RÉVOLUTION

(De 1690 à 1762)

CHAPITRE Ier

Jusqu'à l'ordonnance du 1er janvier 1791, les régiments d'infanterie étaient plus particulièrement appelés du nom de leur colonel, de celui d'un prince ou d'un nom de Province.

Dès le commencement du XVIIe siècle, l'usage voulait que les régiments prissent rang d'après leur ancienneté, mais ils n'étaient pas numérotés. Cet usage ne fut consacré qu'en 1666 par deux ordonnances royales qui affectèrent à chaque corps le numéro auquel lui donnait droit la date de sa première formation, les deux régiments des Gardes Françaises et des Gardes Suisses exceptés.

« Le pas de préséance des régiments d'infanterie n'avait jamais été réglé d'une manière officielle. Cependant, par suite des licenciements et des rétablissements successifs auxquels ces corps avaient été soumis dans leur origine, ils étaient loin d'être d'accord sur le rang qu'ils devaient garder entre eux. Dans un temps où le droit de choisir ses quartiers et de monter le premier à l'assaut appartenait au plus vieux régiment, cette lacune dans les ordonnances avait souvent amené les contestations les plus graves et les plus dangereuses pour le succès des opérations. Deux ordonnances des 19 et 28 février 1666, complétées par un règlement du 26 mars 1670, firent disparaître toute incertitude à cet égard. » (Général Susane.)

Par ces ordonnances et ce règlement, outre ce que nous avons

1

dit plus haut, tout régiment de nouvelle création devait prendre la suite des numéros déjà occupés, tout régiment rétabli après licenciement reprenait le numéro auquel lui donnait droit la date de sa première formation, ce qui avait pour conséquence de faire reculer d'une unité tous les corps qui avaient été créés depuis cette date.

C'est donc l'histoire des régiments qui ont occupé le 114e rang depuis les ordonnances de 1666 et le règlement de 1670 que nous devons écrire ; mais, si les ordonnances de Louis XIV ne laissent subsister aucun doute sur l'ordre de préséance des différents corps entre eux, on ne peut avec la même certitude en opérer le classement à une date fixe. Il suffit, pour s'en convaincre, de savoir que de 1670 à 1715 il a été levé plus de 372 régiments et qu'au moins 91 de ces corps, créés depuis 1689, n'existaient déjà plus en 1698. On conçoit dès lors quelles difficultés, en l'absence de documents incontestables, doit rencontrer celui à qui a été donnée la tâche de classer, de numéroter les régiments.

Des recherches auxquelles nous nous sommes livré, il ressort que ce serait le Régiment de *Villars* qui aurait eu le numéro 114 de 1690 à 1698, et le Régiment de *Thouy* (piémontais) de 1698 à 1706. En 1706, alors plus de doute, c'est bien le Régiment de *Perri* qui prend notre numéro et qui le garde jusqu'en 1715.

Laissant de côté tout ce qui ne présente pas une certitude historique incontestable, nous ne ferons pas remonter les ancêtres de notre Régiment au-delà du Régiment de *Perri*, mais nous raconterons l'histoire de ce dernier corps depuis sa création ; le 114e est trop habitué à le compter parmi ses pères pour que Steinkerque et Neerwinden ne figurent pas dans ses annales.

CHAPITRE II

RÉGIMENT DE PERRI
(1690-1715)

Flandre, Mons, 1691. — Namur, Steinkerque, 1692. — Huy, Neerwinden, Charleroi, 1693. — Ath, 1697. — Allemagne, 1701. — Bavière, 1703-1704. — Défense de Haguenau, 1705 ; se fait jour l'épée à la main. — Reprise d'Haguenau, 1706. — Lignes de la Lauter, 1707 à 1711. — Landau, Fribourg, 1713.

Au moment où il fallait à tout prix lever des régiments, presqu'au début de la guerre de la ligue d'Augsbourg, Jean-Baptiste, marquis *Perri*, de Gênes, leva le 26 septembre 1690 le régiment qui en 1706 devait prendre le numéro 114. Envoyé aussitôt à l'armée de Flandre sous les ordres de Luxembourg qui venait de remporter la victoire de Fleurus (1er juillet 1690), *Perri* n'attendit pas longtems le baptême du feu.

*
* *

Siège de Mons
(8 avril 1691)

La première affaire à laquelle il prit part fut le siège de Mons auquel assista le roi Louis XIV. Près de 70 mille soldats dont 26 ou 27 mille cavaliers firent ou couvrirent le siège ; 22 mille pionniers, sous les ordres de Vauban, tracèrent la vaste circonvallation de Mons et détournèrent de son lit la Trouille, une des deux rivières entre lesquelles Mons est assis. La tranchée fut ouverte le 24 mars 1691, le bombardement commença le 26. Après deux assauts très-meurtriers le 2 avril, l'ouvrage qui couvrait la porte de Bertamont fut enlevé. Le gouverneur de Mons capitula le 8 avril ; il en sortit le 10 avec 4,800 hommes qui lui restaient.

Les troupes rentrèrent dans leurs quartiers pour se reposer, après avoir enlevé, en trois semaines, la puissante capitale du Hainaut.

*
* *

Siège de Namur
(5, 21, 30 juin 1692)

L'année suivante, l'armée de Flandre assiégea Namur, la plus forte place des Pays-Bas, au confluent de la Sambre et de la Meuse. Le 26 mai, le roi arriva au camp et prit le commandement du siège avec 50 et quelques mille hommes dont 23 mille cavaliers. Luxembourg couvrait le siège avec une armée supérieure de 10 mille hommes à celle du roi, et qui comptait plus de 30 mille cavaliers. Namur et ses deux forteresses étaient défendus par plus de 9 mille soldats.

Du 29 au 30 mai la tranchée fut ouverte devant la ville qui capitula le 5 juin sans avoir été bombardée. Toute l'énergie de la résistance se concentra dans les deux forteresses. Le fort Guillaume fut défendu en personne contre Vauban par le célèbre ingénieur hollandais Coëhorn qui l'avait construit. Pressé par l'armée du roi que les pluies torrentielles ne pouvaient arrêter, le fort Guillaume fut réduit à se rendre le 21 juin. Coëhorn en sortit blessé avec 1,600 hommes. Les ouvrages extérieurs du Vieux-Château furent emportés d'assaut quelques jours après et le Vieux-Château capitula le 30 juin. Il en sortit 2,500 hommes, le reste de la garnison avait péri.

Ce fut un des grands sièges de ce siècle ; cette opération où l'on vit face à face les deux plus grands ingénieurs du temps, est regardée comme un modèle.

*
* *

Bataille de Steinkerque
(3 août 1692)

Pendant que l'armée du roi assiégeait Namur, Luxembourg avait barré le passage à Guillaume III qui s'avançait pour secourir la place. Désireux de venger cet affront, Guillaume réussit à tromper Luxembourg et l'attaqua le 3 août 1692.

Il faut lire dans le *Siècle de Louis XIV* le récit du subterfuge employé par Guillaume qui, avant de le faire mourir, oblige un espion à écrire un faux avis au général français. Il faut entendre Henri Martin raconter les prodiges de cette bataille : le duc de

Bourbon, le prince de Conti, le duc de Vendôme, le duc de Chartres à peine âgé de quinze ans, mettant pied à terre pour marcher à la tête des Gardes Françaises et des Gardes Suisses, enfoncer l'ennemi à la pointe de l'épée et de la pique, reprendre l'artillerie perdue, enlever plusieurs canons aux alliés et tailler en pièces la brave infanterie écossaise de Guillaume. « A droite comme au centre, les Français ressaisirent l'avantage au prix de flots de sang..... » (Henri Martin.)

L'ennemi dut abandonner le champ de bataille : « 15 ou 16 mille morts ou blessés, dont près de 7 mille français, jonchaient le théâtre du carnage ; 12 ou 15 cents prisonniers étaient restés entre les mains des vainqueurs ». (H. M.)

La bataille de Steinkerque eut une renommée très-populaire ; Voltaire dit que « les acclamations et la joie allèrent jusqu'à la démence ». La mode elle-même s'en empara et, pendant quelque temps, tout fut à la Steinkerque.

L'infanterie française venait de prouver qu'elle valait la cavalerie. C'est après cette bataille si célèbre que l'incommode mousquet à mèche fut définitivement supprimé et remplacé par le mousquet à pierre, le fusil.

*
* *

Siège de Huy

(19-24 juillet 1693)

L'année suivante, Luxembourg, à qui le roi en se retirant à Versailles avait laissé 80 mille hommes, fit mine de menacer Liège. Guillaume, voulant détourner les Français de cette ville, lança 15 mille hommes vers la Flandre française.

Pendant ce temps, Luxembourg faisait investir Huy par un gros détachement dont faisait partie le Régiment de *Perri*. La ville et ses deux forts furent pris en cinq jours. (19-24 juillet 1693.)

Huy emporté, Luxembourg marcha sur Liège avec toute son armée. Guillaume décampa, cherchant à regagner son camp de Parck.

*
* *

Bataille de Neerwinden

(28 juillet 1693)

Luxembourg ne lui en laissa pas le temps. Il joignit l'ennemi le 28 juillet au soir à Neerwinden, entre Saint-Tron et Tillemont. Guillaume, qui n'avait guère plus de 50 mille hommes sous la main, se retrancha dans un poste très avantageux.

Ce fut le plus terrible choc de toute cette guerre, plus terrible que Steinkerque même. Neerwinden fut deux fois pris et repris avec un affreux carnage. Les deux infanteries luttèrent d'obstination et de fureur, tandis que la cavalerie française essuyait immobile, durant quatre heures entières, le feu de 80 pièces de canon... On dit que Guillaume, étonné que cette cavalerie ne s'ébranlât pas, accourut à ses batteries, accusant le peu de justesse de ses pointeurs. Quant il eut vu l'effet de ses canons et les escadrons ne remuer « que pour serrer les rangs à mesure que les files étaient emportées », il laissa échapper ce cri d'admiration et de colère : « Oh ! l'insolente nation ! »

Neerwinden était resté au pouvoir de l'ennemi ; plusieurs généraux conseillaient la retraite ; Luxembourg s'y refusa. Il jeta la réserve sur Neerwinden ; quand les Gardes Françaises eurent épuisé leurs munitions, ils mirent la baïonnette (1) au bout du fusil et enfoncèrent l'ennemi à l'arme blanche. Ce fut la première charge à la baïonnette. Neerwinden resta entre les mains des Français ; mais la bataille n'était pas encore gagnée. Un corps qui était resté à Huy (ce corps pourrait bien être le Régiment de *Perri*) arriva en ce moment sur le champ de bataille et soutint, à gauche de Neerwinden, le mouvement en avant. Ce fut le signal de la retraite définitive de l'ennemi.

« Les relations les plus modérées évaluent la perte des ennemis à 10 ou 12 mille hommes restés sur le champ de bataille, sans compter ceux qui se noyèrent dans la Gheete : 2 mille prisonniers, 76 canons, 8 mortiers ou obusiers, plus de 80 drapeaux ou étendards demeurèrent au pouvoir du vainqueur. » (H. M.)

(1) Ce n'était pas encore la baïonnette à douille ; c'était une espèce de coutelas (baynète) qu'on enfonçait dans le canon.

Siège de Charleroi

A la suite de ce fait d'armes, on aurait pu marcher sur Bruxelles et dicter la paix ; Luxembourg ne le fit pas. Il préféra, le 9 septembre, investir Charleroi.

« Cette ville, fortifiée par Vauban tandis qu'elle était en la possession de Louis XIV, fut mieux défendue que ne l'avait été aucune autre place des alliés ; la garnison ne se rendit que le 11 octobre, quand elle se vit réduite de 4,500 hommes à 1,200. » (H. M.)

La conquête de Charleroi assurait la possession du pays de Sambre-et-Meuse. La seule ville d'Ath restait à prendre.

*
* *

Le Régiment de *Perri* n'est pas cité comme ayant pris part aux évènements, d'ailleurs peu importants, qui se passèrent durant les années 1694, 1695 et 1696 ; nous ne les raconterons pas.

*
* *

Siège d'Ath

Au milieu des négociations qui précédèrent le traité de Ryswick (20 septembre 1697), Catinat, l'un des successeurs de Luxembourg mort en janvier 1695, vint investir la ville d'Ath (15 mai 1697), la dernière place qui couvrît Bruxelles. Vauban dirigea les travaux ; Villeroi et Boufflers protégèrent le siège. Guillaume III, qui avait environ 90 mille combattants à mettre en ligne, ne les hasarda point pour sauver Ath ; il se contenta de couvrir Bruxelles. Ath capitula le 7 juin.

*
* *

Allemagne

Quand, en 1701, l'Angleterre, la Hollande, l'Autriche et l'Empire se liguèrent contre la France, le Régiment de *Perri* fut envoyé à l'armée d'Allemagne, commandée par Villars.

Cette année se passa en observation sur la frontière sans que le général français pût joindre notre allié l'Électeur de Bavière, avec qui il devait marcher sur Vienne.

*
* *

L'histoire ne nous dit pas que *Perri* ait été engagé dans les opérations de 1702, soit sous les ordres de Catinat, soit sous ceux de Villars.

*
* *

Bavière

(1703-1704)

Notre cadre ne nous permettant pas de raconter en détail toute cette campagne si intéressante et si fertile en enseignements, nous devons la résumer brièvement.

Après avoir emporté la place de Kehl, au début de l'année 1703, Villars, laissant Tallard pour surveiller le prince de Bade sur les lignes de Stolhofen, exécuta à Tutlingen sa jonction avec l'Électeur de Bavière, qui venait de battre les Autrichiens (mai 1703). « La route de Vienne était ouverte; Villars voulait y courir et donner la main aux Hongrois révoltés; le prince Eugène avoua plus tard que, si l'armée eût marché en avant, la paix était faite et glorieusement pour la France. » (Victor Duruy.)

Malheureusement, les dissensions perpétuelles qui éclatèrent entre les deux chefs firent perdre tous les fruits qu'on devait attendre de la réunion de leurs forces.

Obligé de renoncer à marcher sur Vienne, Villars voulait donner la main à Vendôme par-dessus les Alpes. La défection du duc de Savoie rappela Vendôme du Tyrol au moment où ce plan allait réussir, et deux armées impériales menaçant Munich forcèrent l'Électeur et Villars à abandonner Inspruck.

Malgré toute la mauvaise volonté de l'Electeur de Bavière, Villars atteignit Styrum à Hochstædt et lui infligea une sanglante défaite. « L'Electeur ravi embrassa Villars sur le champ de bataille et retomba dans ses précédentes irrésolutions. » (Anquetil.) (Septembre 1703.)

Fatigué de ses dissensions avec l'Electeur, Villars obtint son rappel et fut remplacé dans son commandement par le comte de Marsin.

Sur ces entrefaites, Tallard que Villars avait laissé sur le Rhin assiégeait Landau ; par la maladresse de ses adversaires, il gagna sur le prince de Hesse-Cassel une bataille qu'il aurait dû perdre et qui lui livra la ville.

En décembre 1703, l'Electeur s'empara d'Augsbourg ; il prit Passau le 13 janvier 1704.

Marlborough était venu joindre le prince Eugène ; d'autre part, Tallard et Marsin, sur les ordres du roi, avaient amené 35 mille hommes à l'Electeur de Bavière. Les deux maréchaux français avaient 56 mille hommes contre 50 mille. Ils rencontrèrent l'ennemi près d'Hochstædt (13 août 1704) et se firent battre par Marlborough. Ce désastre nous coûtait 12 mille morts et près de cent lieues de pays. La campagne se termina par la perte de Landau et de Trarbach.

* *

Défense de Haguenau
(6 octobre 1705)

A la suite de la bataille d'Hochstædt, Villars avait été rappelé pour couvrir la frontière. Marlborough, quoique supérieur en nombre, avait renoncé à l'attaquer dans sa position de Sierck (13-16 juin 1705). Prenant l'offensive, Villars se fit ouvrir les portes de Trèves et de Strasbourg, rejoignit Marsin sur la Lauter, força avec lui les lignes de Wissembourg, mais ne put déloger le prince de Bade de Lauterbourg. C'est alors que Marsin fut rappelé.

Villars, demeuré seul et moins fort de moitié que le prince, ne put l'empêcher d'investir le Fort-Louis, de forcer les lignes de Haguenau et de s'emparer même de cette ville, non sans que le Régiment de *Perri* eût tenté de la défendre :

Malgré le délabrement de la place, le marquis *Perri* sollicita l'honneur de l'empêcher de tomber sans résistance aux mains de l'ennemi. Sommé de se rendre prisonnier, il refusa. « La garnison de Haguenau, quand elle ne se trouva plus en état de défendre cette mauvaise place, en sortit pendant la nuit avec tant d'audace et de bonheur qu'elle gagna Saverne saine et sauve. » (H. M.)

Ce beau fait d'armes, si rare dans les annales militaires, fait le plus grand honneur au Régiment de *Perri*.

*
* *

Reprise de Haguenau
(1706)

L'année suivante, Villars, qui était venu rejoindre le maréchal de Marsin, dégagea le Fort-Louis. L'occupation de Lauterbourg, de Drusenheim et de Haguenau, à laquelle participa le Régiment de *Perri*, fut la suite de cet avantage. C'était, pour *Perri*, la juste récompense de sa belle conduite de l'année précédente.

*
* *

Lignes de la Lauter
(1707-1711)

Au début de la campagne de 1707, Villars, renforcé par la division du duc de Vendôme, put reprendre l'offensive. Le 22 mai, à cinq heures du soir, il attaqua les lignes de Stolhofen sur plusieurs points à la fois ; le margrave de Bareith, qui défendait ces lignes avec 40 mille hommes, les abandonna le 23 au matin, laissant aux mains des Français des munitions de tout genre. Cette occupation ne nous coûta pas un homme. Pénétrant aussitôt en Allemagne, Villars mit à contribution la Souabe et la Franconie. Divers détachements ayant été enlevés à Villars, la rapidité avec laquelle l'Électeur du Hanovre se porta sur Philipsbourg forcèrent Villars à rétrograder.

Le reste de la campagne se passa en observation ; le maréchal dut aller chercher ses quartiers d'hiver en Alsace.

En 1708, l'Électeur de Bavière vint prendre le commandement de l'armée du Rhin et Villars fut envoyé en Dauphiné. Il n'y eut cette année aucune opération sur le Rhin.

Sur les autres champs de bataille, les armées du roi n'étaient pas heureuses. L'élan de patriotisme qui se produisit à la suite des défaites de Ramilies, de Turin et d'Oudenarde, n'empêcha pas Villars d'être glorieusement battu à Malplaquet (11 septembre 1709) ; mais c'était là le terme de nos revers.

En Alsace, l'armée française, forte de 20 et quelques mille ommes, était couverte par les lignes de la Lauter, sous les rdres du maréchal d'Harcourt. Le comte du Bourg, l'un des lèves de Villars, avait remporté à Rumersheim, le 26 août 1709, ne victoire sur le comte de Mercy. Presque tout le corps de Iercy fut tué, pris ou jeté dans le Rhin. L'Électeur de Hanovre epassa le fleuve et se retira derrière les lignes d'Etlingen.

En 1710, les hostilités sur le Rhin furent absolument nulles; de part et d'autre on se contenta d'observer. Tout l'intérêt de la campagne était en Espagne.

Les négociations en vue de la paix reprirent en 1711. Partout on resta sur l'expectative, aussi bien sur le Rhin que sur les autres frontières, où le prince Eugène observait l'Électeur de Bavière.

Quand, le 11 avril 1713, les représentants de toutes les puissances réunis à Utrecht signèrent sept traités, l'Empereur seul n'avait pas voulu conclure la paix. Les hostilités reprirent sur le Rhin.

*
* *

Siège de Landau

(11 juin—20 août 1713)

Villars qui était venu prendre le commandement, rallie à lui les troupes qui avaient formé les diverses armées ; il finit par disposer de forces écrasantes : 200 bataillons et plus de 300 escadrons. Par contre, ce ne fut que dans le courant d'août que le prince Eugène reçut tous ses renforts, trop tard pour empêcher la chute de Landau.

La garnison de Landau était nombreuse, 8 à 9 mille hommes, les fortifications excellentes. Villars, dont la position était inattaquable, laissa marcher le siège méthodiquement. Le prince Eugène n'essaya même pas de passer le Rhin pour tenter quelque diversion. Le 20 août, le commandant de Landau se rendit prisonnier avec sa garnison.

*
* *

Bataille et siège de Fribourg

(20 septembre, 30 octobre, 16 novembre 1713)

Villars, laissant le maréchal de Besons au Fort-Louis pour contenir le prince Eugène, passa le Rhin à Kehl le 18 septembre et se dirigea sur Fribourg. Le 20, il était en vue de la capitale du Brisgau. Avec son énergie habituelle le maréchal attaqua la montagne de Roskhof, en chassa les défenseurs dont une partie dut se réfugier dans Fribourg pendant que l'autre poursuivie par la cavalerie gagna les gorges de la Forêt noire. Ce succès livra à Villars les lignes de Holgraben ; mais la ville restait à prendre.

Fribourg était protégé par 13 mille combattants et par un quadruple étage de forteresses. Ce siège fut bien plus meurtrier que celui de Landau. La crainte des tentatives d'Eugène qui s'était avancé jusqu'à trois lieues de la place, ne permettait plus d'avancer pas à pas. Un seul assaut, dans la nuit du 14 au 15 octobre, coûta plus de 1,500 morts ou blessés. Eugène désespéra de secourir la place et se retira à Etlingen.

Le 30 octobre, comme on se disposait à donner l'assaut, le gouverneur fit prévenir Villars qu'il s'était retiré dans les forts et qu'il abandonnait les blessés, les malades, les familles des gens de guerre et la ville à l'humanité des Français. La ville se racheta du pillage par une rançon d'un million ; mais Villars qui comptait sur la famine pour avoir raison des défenseurs, fut inflexible ; il exigea que le gouverneur pourvût à la nourriture des blessés et des familles de militaires.

Enfin, le 16 novembre, Eugène envoya au gouverneur l'autorisation de rendre les forts, à condition que la garnison ne restât pas prisonnière. Elle en sortit le 20, forte encore de 7 mille hommes. « La prise de Fribourg termina cette campagne, qui, de même que la précédente, avait rappelé les anciens jours et doré de quelques rayons de gloire la fin du grand règne. » (H. M.)

Villars eut l'honneur de traiter de la paix avec celui qu'il avait eu à combattre depuis tant d'années, le prince Eugène. Elle fut signée à Rastadt le 7 mars 1714.

* *

Tel est, d'après les principaux historiens, le récit succinct des faits d'armes auxquels assista le Régiment de *Perri* depuis sa création jusqu'à son licenciement.

Après la paix de Rastadt, des 280 régiments d'infanterie qui figurèrent dans les armées du roi de 1701 à 1715, Louis XIV n'en conserva sur pied que 118, non compris les Régiments des Gardes Françaises et des Gardes Suisses, qui, comme on le sait, ne recevaient pas de numéro. Mais tous ces régiments étaient établis sur un bon pied et avec un système d'organisation tout français.

Le Régiment de *Perri* fut licencié le 28 janvier 1715.

L'ordre d'ancienneté des corps maintenus, contrôlé aussi rigoureusement que possible, donne au Régiment des *Landes* le 114ᵉ rang d'après les principes posés par la décision royale du 26 mars 1670.

CHAPITRE III

RÉGIMENT DES LANDES
(1715-1749)

Allemagne, Kehl, 1733. — Etlingen, Philipsbourg, 1734. Alpes, 1744. — Col de l'Assiette, 1747.

Drapeaux façonnés de rouge et de jaune dans chaque carré. Habit complet gris-blanc ; boutons très gros et galons dorés.

Le Régiment des *Landes* avait le numéro 145 avant les suppressions de 1714 et de 1715, qui le firent passer 114ᵉ.

Créé le 3 janvier 1693, il avait fait campagne sur le Rhin de 1702 à 1704, en Flandre de 1706 à 1712.

Alexandre-Maximilien-Balthazar-Dominique de Gand d'Isenghien, comte de Middelbourg, le commandait en 1715.

Le 3 août 1716, le Régiment des Landes fut donné à Louis de Frélat, comte de Boissieux, à qui succéda, le 15 septembre 1730, Ferdinand-Agathange, marquis de Brun.

C'est sous les ordres du marquis de Brun que le Régiment allait combattre pour la succession de Pologne.

* *

Le Régiment des *Landes* n'avait pas pris part à la guerre avec l'Espagne (1719-1720), cette lutte fratricide dans laquelle le Régent n'avait pas craint de jeter la France, qui avait édifié le trône de Philippe V.

Après une longue période de paix, la mort d'Auguste II, roi de Pologne, venait d'entraîner la France, alliée à l'Espagne et à la Sardaigne, dans une guerre avec l'Autriche (10-27 octobre 1733).

Deux armées françaises, sous les ordres de Villars et de Berwick, franchirent les Alpes et le Rhin.

* *

Allemagne, Kehl
(1733)

Les opérations en Allemagne ne devaient être qu'une diversion pour favoriser la grande expédition d'Italie.

Du 12 au 14 octobre, un détachement français occupa Nancy sans résistance, et un corps d'armée réuni à Strasbourg sous les ordres de Berwick, investit le fort de Kehl. Kehl dont les fortifications avaient été mal entretenues depuis la paix de Bade, se rendit le 28 octobre.

Les pluies de novembre arrêtèrent l'armée et l'on ne tenta pas d'autre opération sur le Rhin cette année.

* *

L'Empereur avait entraîné l'empire dans sa querelle ; la Diète de Ratisbonne avait déclaré la guerre à la France le 13 mars 1734. Les Français se trouvèrent prêts les premiers.

* *

Etlingen
(1734)

Berwick lança au-delà du Rhin trois grands corps de troupe, les deux premiers par Kehl et le Fort-Louis, le troisième beaucoup plus bas, par l'embouchure du Necker (3 mai). L'armée ennemie, très-inférieure aux Français, s'était postée derrière les anciennes lignes d'Etlingen, entre les montagnes de Dourlach et le Rhin, au nord de Rastadt : elle allait être prise entre les divers corps français. Eugène, arrivé le 26 avril au camp allemand, fit évacuer à la hâte les lignes d'Etlingen et replia son armée sur Heilbron.

* *
*

Siège de Philipsbourg

(fin mai—18 juillet 1734)

Berwick ne suivit pas Eugène dans sa retraite et fit investir Philipsbourg par tous les corps français réunis (fin mai). Il y avait bien cent mille hommes. Les deux tiers de cette puissante armée furent destinés à garder la circonvallation, pendant que le reste ferait le siège.

Berwick ne vit pas le succès des dispositions qu'il avait prises : le 12 juin, au matin, comme il était monté sans précaution sur la banquette de la tranchée pour examiner les travaux, deux batteries, l'une française, l'autre ennemie, tirèrent à la fois : un boulet lui emporta la tête !

Villars mourait à Turin, cinq jours après. « Les derniers rayons du soleil de Louis XIV s'éteignirent avec eux. » (H. M.)

Le maréchal d'Asfeld succéda à Berwick. Le vieil Eugène, avec ses 60 mille hommes, ne se hasarda pas à risquer sa gloire pour débloquer la ville. Il laissa capituler Philipsbourg après une belle défense (18 juillet), se bornant à empêcher, sans grande peine, les Français de pousser plus loin leurs avantages.

* *
*

La guerre de la succession de Pologne se termina par le traité de Vienne dont les préliminaires furent signés le 3 octobre 1735.

Le 16 avril 1738, le Régiment des *Landes* fut donné à Claude-Gustave Chrétien, marquis des Salles, à qui succéda, le 6 mars 1743, N... comte de Villeneuve.

En 1741, la France s'était laissé entraîner dans une guerre où elle n'avait rien à gagner, la guerre de la succession d'Autriche.

* *
*

Alpes

(1744)

En 1744, le Régiment des *Landes* était sur les Alpes ; mais l'armée française n'intervint pas directement dans les évènements entre les Austro-Piémontais et les Espagnols.

*
* *

Le 3 avril 1747, Pierre-Louis-Aimé de Guiffrey de Monteynard, chevalier de Marcieu, vint prendre le commandement du régiment.

*
* *

Col de l'Assiette

(19 juillet 1747)

L'armée française, alliée aux Espagnols, reprenait l'offensive par le Haut-Dauphiné ; tandis que le général espagnol inquiétait l'ennemi par la route de la Corniche et que le maréchal de Belle-Isle menaçait les cols de la Stura, le chevalier de Belle-Isle, frère du maréchal, partit de Briançon avec un troisième corps et s'engagea dans les montagnes inaccessibles qui séparent la vallée de la petite Doire et celle du Chiusone : il voulait passer entre les forteresses d'Exiles et de Fénestrelles et déboucher par les gorges les plus sauvages des Alpes sur le val du Sangone, qui mène à Turin ; il fut arrêté au col de l'Assiette par un retranchement en pierre sèche et en bois, que défendait un corps piémontais. On ne put tourner ni dominer la position ; on l'attaqua de front avec une aveugle impétuosité ; pendant deux heures les Français se firent mitrailler et fusiller à bout portant sans réussir à franchir un obstacle qui n'eût pu être renversé que par du gros canon ; le chevalier de Belle-Isle, désespéré, alla mourir en plantant un drapeau sur les retranchements piémontais. Plus de cinq mille Français, morts ou blessés, jonchèrent ce fatal défilé (19 juillet).

Cette guerre de la succession d'Autriche se termina, au mois d'avril 1748, par le traité d'Aix-la-Chapelle.

*
* *

François-Gaspard, comte de Poly-Saint-Thiébault, avait succédé au chevalier de Marcieu dans le commandement du Régiment des *Landes*, le 1ᵉʳ janvier 1748.

* *

Après la paix d'Aix-la-Chapelle, le ministre d'Argenson fit signer au roi, le 10 mars 1749, une ordonnance qui supprimait et incorporait dans d'autres corps dix-huit régiments, parmi lesquels le Régiment des *Landes*.

Les compagnies de grenadiers de ces dix-huit régiments furent réunies dans un corps spécial et formèrent le Régiment des Grenadiers de France, qui prit le numéro 39, entre Bourbon et Beauvoisis, d'après la date de la création des Grenadiers en 1667.

En sorte qu'à la suite de ces importantes modifications, l'infanterie française se trouva constituée par 114 régiments, dont 82 français et 32 étrangers, non compris les deux régiments des Gardes.

Le *Royal-Pologne* était le 114ᵉ.

CHAPITRE IV

ROYAL-POLOGNE (ALLEMAND)

(1749-1757)

Habit bleu ; parements rouges bordés de bleu à la prussienne, sans boutons ; collet rouge brodé de blanc ; épaulette de drap rouge avec boutons et boutonnière blancs ; doublure rouge ; boutonnières des deux côtés de l'habit jusqu'à la ceinture ; pattes en travers garnies de quatre boutons et boutonnières ; veste bleue avec boutonnières des deux côtés jusqu'à la taille ; trois boutons sur chaque patte de poche ; chapeau bordé d'argent.

* *

Le *Royal-Pologne* avait le numéro 131 avant la réorganisation de 1749, qui le fit passer 114ᵉ. Il avait été créé le 25 novembre 1747, par Pierre-Grégoire, comte d'*Orlick de la Fiska*, qui en

2

resta le colonel jusqu'à son incorporation dans Royal-Suédois, le 18 janvier 1760.

Ce laps de temps de 1749 à 1757, où *Royal-Pologne* garda le n° 114, correspond à la courte période de paix (1749-1756) qui sépare la guerre de la succession d'Autriche de la guerre de sept ans. Nous n'avons donc aucun fait d'armes à enregistrer à l'actif de *Royal-Pologne*.

* *

Le 20 mars 1757, deux régiments qui avaient été supprimés par la réorganisation de 1749, furent rétablis : Royal-Lorraine reprit son rang entre Lowendhal et Royal-Ecossais ; Royal-Barrois entre Lally et Nassau-Isenghien (Fersen). En sorte que le *Royal-Pologne* passa 116e et le régiment allemand *La Dauphine* se vit attribuer le n° 114.

_____

CHAPITRE V

LA DAUPHINE (ALLEMAND)

(20 mars 1757. — 20 mars 1758)

Allemagne : Hanovre, Haastembeck, 1757.

Habit bleu ; parements, revers et collet rouges ; boutons et galons jaunes ; revers garni de 6 boutons de 2 en 2 et un 7e en haut ; 3 boutons sur le revers du côté gauche ; pattes de poches en travers garnies de 3 boutons ; culotte et veste blanches.

* *

La Dauphine avait le numéro 112 avant le rétablissement des deux régiments Royal-Lorraine et Royal-Barrois qui le fit passer 114e.

Il avait été levé le 1er juillet 1747 par Henri-Auguste, comte de Friezen et donné le 11 avril 1755 à Adam, comte de *Lœwen-*

haupt, qui allait le commander pendant la campagne d'Allemagne de 1757.

*
* *

Hanovre ; Haastembeck

(26 juillet 1757)

Engagée dans une guerre maritime avec l'Angleterre (1756), la France venait de s'allier à l'Autriche contre la Prusse (1757) amie de l'Angleterre, et de lancer deux armées en campagne : le maréchal d'Estrées en Westphalie, Soubise sur le Mein.

Soubise marchait contre Frédéric II.

La Dauphine comptait parmi les 80 mille hommes du maréchal d'Estrées opposés au duc de Cumberland qui commandait aux 50 mille hommes de l'armée hanovrienne.

Au lieu de tenir sur le Rhin, les Hanovriens préfèrent se replier sur le Wéser. L'armée française s'étendit sans obstacle depuis la Hesse jusqu'à l'Ost-Frise ; la guerre fut poussée mollement, et il n'y eut pas, durant près de quatre mois, une seule action remarquable (avril-juillet).

Haastembeck. — Un choc eut lieu enfin, le 26 juillet, entre le maréchal d'Estrées et le duc de Cumberland. Les Hanovriens se couvraient du Wéser ; les Français passèrent ce fleuve et tournèrent l'ennemi entre Hamelu et Haastembeck. La droite française commandée par Chevert enleva les hauteurs occupées par la gauche ennemie, d'Estrées avançait avec le centre, quand le prince Ferdinand, frère du duc de Brunswick, se glissa par les bois, avec quelques bataillons, entre la droite de Chevert, qui n'était pas suffisamment appuyée, et le gros de l'armée française. La confusion était déjà dans l'armée et d'Estrés ordonnait un mouvement en arrière, lorsqu'on reconnut que Ferdinand n'était pas soutenu et que Cumberland était en pleine retraite.

Le lendemain, d'Estrées était rappelé et remplacé par Richelieu, qui enferma le duc de Cumberland dans une impasse et qui, au lieu de dissoudre son armée, lui accorda la capitulation de Klester-Zeven (8 septembre 1757), par laquelle était stipulée la cessation des hostilités entre la France et le Hanovre.

Le prince Ferdinand, qui avait succédé au duc de Cumberland, n'attendait que les succès de Frédéric II pour reprendre les armes. Après Rosbach, il recommença les hostilités contre Richelieu, qui était en train de gagner son surnom de *Père la Maraude* en autorisant le pillage et en pillant lui-même le Hanovre. Mais la rigueur de la saison obligea les deux armées de prendre leurs quartiers d'hiver.

*
* *

Allemagne
(1758)

Richelieu fut remplacé dans son commandement par le comte de Clermont le 28 février 1758.

Pressé par le prince Ferdinand, Clermont opéra une retraite peu glorieuse, oubliant ou abandonnant cinq mille hommes qui furent faits prisonniers dans Minden le 14 mars 1758.

*
* *

Le 20 mars 1758, par suite de l'incorporation de Nassau-Isenghien (Fersen) dans Nassau-Sarrebrück, *La Dauphine* passe 113° et le régiment de *Saint-Germain* devient 114°.

CHAPITRE VI

SAINT-GERMAIN (Allemand)
(20 mars 1758. — 18 janvier 1760)

Créveld, 1758. — Minden, 1759.

Habit, veste et culotte bleus ; parements, collet, doublure et boutons jaunes ; boutons des deux côtés sur l'habit, d'un seul côté sur la veste ; pattes en travers sur l'habit et sur la veste avec quatre boutons ; chapeau galonné d'or.

Saint-Germain avait le numéro 115 avant l'incorporation de Nassau-Isenghien dans Nassau-Sarrebrück qui le fit passer 114°.

Il avait été levé le 1ᵉʳ juillet 1747 par Louis, comte de *Saint-Germain* qui semble en avoir conservé le commandement jusqu'à son incorporation dans Nassau, le 18 janvier 1760.

*
* *

Comment le Régiment de *Saint-Germain* qui était à Rosbach dans l'armée de Soubise, se trouva-t-il quelques mois plus tard dans l'armée de Clermont ? C'est ce que l'histoire ne nous dit pas ; mais il est permis de supposer qu'après la catastrophe de Rosbach (3 novembre 1757), les corps s'étant reformés, rejoignirent où ils purent. *Saint-Germain* avait rallié le corps de Clermont dès le mois de février puisqu'il était à Bremen.

*
* *

Créveld

(23 juin 1758)

Le 3 avril, l'armée française passa le Rhin. Au lieu de disputer le passage à Ferdinand, Clermont préféra masser son armée dans une bonne position, à Créveld, entre le Rhin et la Niers.

Le prince Ferdinand de Brunswick n'avait pas trente mille hommes ; les forces de Clermont étaient incomparablement supérieures.

Ferdinand opéra une manœuvre dont la témérité eût été folle, s'il n'eût compté sur la profonde incapacité de son ennemi. Il laissa la moitié de son armée en face des Français, et, avec l'autre moitié, il fit un grand détour par des terrains très-coupés et très-difficiles, et vint prendre en flanc l'extrême gauche française. Il y fut arrêté une heure et demie par deux braves officiers, Rochambeau et Saint-Germain (1) : mais au lieu de les secourir, Clermont prit ce mouvement pour une fausse attaque. Rochambeau et Saint-Germain furent accablés, et Ferdinand de Brunswick déboucha sur les derrières de l'armée. Clermont ordonna la

---

(1) Le lieutenant-général Claude-Louis, comte de Saint-Germain, fils du comte de Saint-Germain qui était colonel du Régiment dont nous écrivons l'histoire.

retraite ; plus des trois quarts de l'armée n'avaient pas tiré un coup de fusil (23 juin).

On recula jusqu'à Cologne.

*
* *

A la suite de cette bataille le comte de Clermont fut remplacé dans son commandement par le marquis de Contades.

Ferdinand qui se sentait menacé par l'armée de Soubise réorganisée sur le Mein, repassa le Rhin le 10 août. Contades le laissa faire et franchit le fleuve à sa suite.

Saint-Germain ne fut pas engagé dans les rares opérations qui terminèrent cette campagne ; leur résultat, d'ailleurs, fut nul.

Contades alla hiverner sur la rive gauche du Bas-Rhin. Soubise prit ses quartiers entre la Lahn et le Mein.

*
* *

Minden
(1ᵉʳ août 1759)

A la suite d'un échec que le duc de Broglie, successeur de Soubise, avait infligé au printemps de 1759 (13 avril) au prince Ferdinand, le maréchal de Contades prit le commandement des deux armées françaises réunies. Il envahit la Hesse et se porta sur le Wéser afin de couper l'armée ennemie du Hanovre. Ferdinand de Brunswick accourut se poster en face des Français, près de Minden, et tâcha de se faire attaquer.

Contades, très supérieur à l'ennemi, descendit en plaine. Ferdinand avait fait retrancher et occuper, par un corps d'infanterie, le village de Todtenhausen, un peu trop en avant de ses lignes. Le duc de Broglie, malgré l'ordre de Contades, hésita à attaquer ce village, qu'il supposait fortement défendu ; il envoya demander de nouveaux ordres à son général en chef qui, sans coup d'œil et sans décision, perdit son temps à délibérer. Les ennemis, cependant, avançaient, se formaient et prenaient l'offensive contre l'autre aile et contre le centre des Français. La cavalerie fut mise en déroute. Une partie de notre infanterie fut rompue à son tour. Contades ordonna la retraite (1ᵉʳ août 1759) et ne s'arrêta que derrière la Lahn, vers Giessen.

Le 18 janvier 1760, le Régiment de *Saint-Germain* fut incorporé dans Nassau, les Régiments de Lowendhal dans Anhalt et la Marck, de Bergh dans Alsace, de Royal-Pologne dans Royal-Suédois.

Le 18 février de la même année, *La Dauphine* fut incorporé dans Royal-Bavière.

Par suite de la disparition de ces cinq corps, le numéro 114 fut attribué au Régiment Liégeois *Horion*.

CHAPITRE VII

RÉGIMENT DE HORION (Liégeois)

(18 février 1760—25 novembre 1762)

Habit bleu ; parements, revers, collet, veste et doublure rouges ; boutons et agréments jaunes, douze sur chaque côté de l'habit et de la veste, trois sur le parement, sur la poche de l'habit et de la veste ; chapeau galonné d'or.

*
* *

Allemagne

Le Régiment de *Horion* avait été levé le 25 mars 1757 par N..., comte *de Horion*, qui en conserva le commandement jusqu'à son licenciement, le 25 novembre 1762.

Horion avait le numéro 119 un mois avant de passer 114°. Il était et resta à l'armée d'Allemagne.

*
* *

1760

Les armées françaises se relevèrent un peu dans cette campagne. C'est le duc de Broglie qui commandait en chef les deux armées du Mein et du Bas-Rhin, dont l'effectif avait été porté à 120 mille hommes. Ferdinand n'en eut guère que 70 mille.

Les deux armées françaises se réunirent au mois de juin sur les confins de la Hesse et de la Westphalie. Broglie poussa le prince

Ferdinand hors de la Hesse et entama le Hanovre et la Thuringe (juillet-septembre).

Il ne paraît pas qu'*Horion* se soit trouvé à l'affaire de Closter-camp, où s'immortalisa le chevalier d'Assas (15-16 octobre).

*
* *

1761

Au mois de février 1761, Ferdinand attaqua brusquement le maréchal de Broglie dans ses cantonnements et l'obligea à brûler ses vastes magasins et à se replier sur Francfort. Ce ne fut pas une déroute ; Broglie après avoir rallié ses troupes, reprit l'offensive et chassa pour la seconde fois Ferdinand de la Hesse en lui infligeant une perte d'une quinzaine de mille hommes (mars).

Sur ces entrefaites, Soubise vint reprendre le commandement en chef sur le Bas-Rhin, ne laissant au maréchal de Broglie que 60 mille hommes dans la Hesse.

Quand Soubise entra en Westphalie, au mois de juin, le prince Ferdinand qui n'avait pas 70 mille hommes, se jeta audacieusement entre les deux armées françaises, puis tourna Soubise et coupa ses communications avec le Rhin. Soubise, alarmé, se hâta de se réunir à Broglie.

Les deux maréchaux marchèrent ensemble contre Ferdinand, fortement posté sur la Lippe à Villinghausen ; ils se séparèrent pour envelopper l'ennemi le 16 juillet au matin. Mais Broglie, voulant avoir les honneurs à lui seul, attaqua les avant-postes ennemis dès le 15 au soir. Ferdinand y porta toutes ses forces. Soubise ne bougea pas et Broglie fut contraint à la retraite.

La cour obligea Soubise à donner 30 mille hommes à Broglie et les deux maréchaux recommencèrent à opérer chacun pour son compte, Soubise entre Munster et les places de la Lippe, Broglie sur les confins de la Westphalie et du Hanovre.

Le prince Ferdinand se remit entre les deux, fit manquer tout ce qu'entreprirent ses adversaires, et, quand vinrent les quartiers d'hiver, on se retrouva au même point que l'année précédente.

Broglie, disgrâcié à la fin de 1761, fut remplacé auprès de Soubise par le vieux maréchal d'Estrées.

*
* *

1762

En 1762, Ferdinand reprit l'offensive et attaqua les Français à Willemstadt le 24 juin ; les choses se passèrent comme à Creveld, les deux maréchaux ordonnèrent la retraite sans soutenir leurs lieutenants qui se battirent avec le plus grand courage. Ils se replièrent, ensuite, sur la Lahn, laissant enlever Cassel par le prince Ferdinand le 1er novembre 1762.

Les préliminaires de la paix furent signés avec l'Angleterre le 1er novembre 1762 ; la paix définitive fut ratifiée le 10 février 1763.

*
* *

Le Régiment de *Horion* fut licencié le 25 novembre 1762. Diverses ordonnances du roi supprimèrent d'autres corps, en sorte que, le 1er janvier 1763, il n'y eut plus que 94 régiments d'infanterie non compris les deux Régiments des Gardes.

Ces 94 régiments se décomposaient en 68 régiments français et 26 étrangers dont 11 Suisses, 8 Allemands, 5 Irlandais, 2 Italiens.

Le numéro 114 disparaît alors pour ne reparaître qu'avec la 114º demi-brigade.

NOMS DES COLONELS

Ayant commandé le Régiment numéro 114, de 1690 à 1762

NOMS du Régiment	COLONELS	DATES
Perri	Jean-Baptiste, marquis PERRI.	26 sept. 1690—28 janv. 1715
Landes	Alexandre-Maximilien-Balthasar-Dominique de Gand d'Isenghien, comte de MIDDEL-BOURG.	28 janv. 1715— 3 août 1716
—	Louis de Frétat, comte de BOISSIEUX.	3 août 1716—15 sept. 1730
—	Ferdinand-Agathange, marquis de BRUN.	15 sept. 1730—16 avril 1738
—	Claude-Gustave-Chrétien, marquis des SALLES.	16 avril 1738— 6 mars 1743
—	N..., comte de VILLE-NEUVE.	6 mars 1743— 3 avril 1747
—	Pierre-Louis-Aimé de Guiffrey de Monteynard, chevalier de MARCIEU.	3 avril 1747— 1er janv. 1748
—	François-Gaspard, cte de POLY-SAINT-THIÉ-BAULT.	1er janv. 1748—10 mars 1749
Royal-Pologne	Pierre-Grégoire, comte D'ORLICK DE LA ZISKA	10 mars 1749—20 mars 1757
La Dauphine	Adam, comte de LŒ-WENHAUPT.	20 mars 1757—20 mars 1758
Saint-Germain	Louis, comte de SAINT-GERMAIN.	20 mars 1758—18 janv. 1760
Horion	N..., comte de HORION.	18 fév. 1760—25 nov. 1762

DEUXIÈME PARTIE

PÉRIODE DE LA RÉVOLUTION

CHAPITRE Ier

Le 1er janvier 1789, l'infanterie régulière se composait, outre le Régiment des Gardes françaises, le Régiment des Gardes suisses et le Régiment du Roi, de :

  101 régiments d'infanterie de ligne,
   12 bataillons de chasseurs à pied,
    8 régiments d'artillerie (dont un pour les colonies),
    7 régiments d'infanterie des colonies,
    1 régiment de marine,

soit 260 bataillons, auxquels il convient d'ajouter 106 bataillons de troupes provinciales.

Le 30 septembre 1789, la formation de la Garde nationale détermina la suppression des troupes provinciales. Les bataillons de la Garde nationale de Paris eurent chacun pour noyau une compagnie des Gardes françaises.

Les corps coloniaux furent licenciés le 29 septembre 1791 et remplacés par six régiments nouveaux qui prirent rang à la queue de l'infanterie de ligne. Quelques jours plus tard les anciennes compagnies des Gardes françaises furent retirées de la Garde nationale parisienne et formèrent trois nouveaux régiments d'infanterie de ligne, deux bataillons d'infanterie légère et trois divisions de gendarmerie.

Les régiments suisses furent congédiés le 20 août 1792. Les autres corps étrangers : allemands, italiens, irlandais, qui depuis longtemps n'avaient d'étranger que le nom, avaient été assimilés aux troupes françaises par décret du 21 juillet 1791.

La loi du 1er janvier 1791, qui fixa la composition de l'armée, prescrivit la suppression des noms portés par les régiments et ne les distingua plus que par leurs numéros. Les corps conservèrent le rang qu'ils occupaient en 1776.

L'infanterie de ligne ne comptait que 125 mille hommes quand se produisirent les premiers symptômes de mésintelligence entre la France et l'Autriche. Un décret de l'Assemblée constituante du 28 janvier 1791 appela sous les drapeaux 100 mille *volontaires nationaux* qui ne rejoignirent pas.

Après la fuite du roi, l'Assemblée décréta la mise en activité de la garde nationale ; le 17 août, elle exigea 101 mille hommes. On réunit assez promptement 60 bataillons sur les 169 votés.

Le chiffre de ces bataillons fut successivement porté à 200 le 15 mars 1792 et à 214 au mois de mai. Il fallut plus tard la réquisition forcée et permanente pour arriver au chiffre de 454 bataillons de volontaires qui fut atteint au mois de janvier 1793. Dans la suite, il y en eut plus de 750 ; mais beaucoup d'entre eux n'ont existé que sur le papier.

Le 24 février 1793, la Convention vota la réquisition de 300 mille hommes ; les 16 et 23 août de la même année, elle décréta la levée en masse de tous les hommes de 20 à 40 ans.

Afin de donner un peu de consistance à ces troupes pleines de courage et d'enthousiasme, mais jeunes et indisciplinées, sur la proposition du général Valence et le rapport de Cochon-Lapparent, la loi du 21 février 1793 décida que l'infanterie serait réorganisée en attachant deux bataillons nationaux à chacun des bataillons de vieilles troupes. Il devait y avoir ainsi 198 demi-brigades de ligne et 14 demi-brigades légères. Mais cette loi ne put être exécutée immédiatement. Elle fut discutée de nouveau au mois de janvier 1794 et l'exécution de cet amalgame fut définitivement votée le 28 janvier 1794.

L'embrigadement des volontaires avec les troupes de ligne s'effectua de la fin de 1793 au commencement de 1795.

C'est ainsi que les vieux régiments ont fourni des cadres parfaits aux héroïques demi-brigades du Directoire et du Consulat, aux immortels régiments de l'Empire.

CHAPITRE II

114ᵉ DEMI-BRIGADE

(1795 — 1798)

La 114ᵉ demi-brigade fut constituée le 4 Floréal an III, 23 avril 1795, à Oyarzun (Guipuscoa) du 2ᵉ Bataillon du 57ᵉ Régiment, ex-Beauvoisis, et des 10ᵉ et 14ᵉ Bataillons de la Gironde.

*
* *

Beauvoisis

Ce Régiment avait été formé sous le nom de Jonzac le 12 juillet 1667 par Alexis de Saint-Maure comte de Jonzac. Régiment de gentilhommes à sa création, il fut mis sous le titre de la province de Beauvoisis en 1685.

En 1715, il occupait le 39ᵉ rang dans l'infanterie française ; en 1762 il était le 41ᵉ ; le 1ᵉʳ janvier 1789, le 58ᵉ. La disparition du Régiment du roi, cassé après les troubles de Nancy, fit avancer d'un rang le Régiment de Beauvoisis ; c'est ce qui explique le numéro 57 qui lui fut attribué par application de la loi du 1ᵉʳ janvier 1791.

« Beauvoisis se distingua pendant la Révolution par son calme et sa discipline. L'abandon de la plupart des officiers, les intrigues et les folies des gens de parti, n'eurent aucune action sur lui ; il demeura froid et uni autour du drapeau de la France. Il fut appelé à Strasbourg en 1791, et au mois de juillet il entra dans Landau, où il se trouvait encore à l'ouverture des hostilités.

» Pendant que le 2ᵉ bataillon demeurait à la garde de Landau, le 1ᵉʳ se joignait en 1792 à l'armée du Rhin. et coopérait à la conquête du Palatinat. Le 2ᵉ bataillon, renfermé en 1793 dans Mayence, prit part à tous les travaux de la défense ; il y perdit le capitaine *Dupin*. Après la capitulation, le 23 juillet, il se mit en route pour la Vendée, où il partagea tous les exploits de la division mayencienne. Il fut rejoint sur ce terrain par le 1ᵉʳ bataillon.

» L'Ouest pacifié, Beauvoisis, officiellement désigné alors sous le nom de 57° d'infanterie de ligne, alla renforcer l'armée des Pyrénées occidentales et se trouva à l'invasion du territoire espagnol par la vallée de Roncevaux. » (Général Susane.)

* * *

10e et 14e bataillons de la Gironde

Le 10° bataillon de la Gironde avait été formé le 28 avril 1793 des volontaires du district de Libourne, il fut envoyé, ainsi que le 14°, à l'armée des Pyrénées occidentales et tous deux firent partie de la 3e division dans laquelle comptait également le 57° régiment d'infanterie de ligne ; mais ils ne prirent part à aucun des évènements de 1794.

* * *

Constitution de la 114e demi-brigade

Le chef de brigade *Guépart* prit le commandement de la 114° demi-brigade.

Le commandant *Vallet*, chef du 2° bataillon du 57°, conserva le commandement de son bataillon qui devint le 1er de la 114°.

Le 2° bataillon (10° de la Gironde) fut placé sous les ordres du commandant *Maury* et le 3e bataillon (14° de la Gironde) sous les ordres du commandant *Vigent*, tous deux volontaires.

* * *

Espagne
(1795)

Les cinq divisions de l'armée des Pyrénées occidentales, sous les ordres du général Moncey, venaient de passer l'hiver dans leurs cantonnements, la droite appuyée à l'Orola, la gauche à Saint-Jean-Pied-de-Port ; la 3° division ayant son quartier général à Oyarzun, s'étendait d'Urnieta à Irun, couvrant Ernani, Saint-Sébastien et Fontarabie.

Une maladie épidémique, qui faisait depuis quatre mois des ravages effrayants dans l'armée, commençait à peine à décroître ; le commandant en chef, voulant tirer le meilleur parti possible du petit nombre de soldats qui lui restait et hâter le rétablissement des convalescents, ordonna de verser les hommes en état de porter les armes dans les deux premiers bataillons de chaque demi-brigade qui prendraient le nom de bataillons de campagne, et de ne composer les 3es bataillons, dits de réserve, destinés à la garde des places, que des malades et des hommes les moins robustes.

Les deux premiers bataillons de la 114e demi-brigade ainsi formés et comptant 688 hommes, furent placés dans la 1re brigade (général Castelverd) de la 3e division (général Willot).

Le 14 mai 1795, le 1er bataillon de la 114e demi-brigade occupait Andoar, le 2e, Urnieta et le 3e, qui dépendait de la 2e brigade, fut envoyé en garnison à Bayonne.

L'armée espagnole, commandée par le prince de Castel-Franco, était divisée en deux corps principaux : l'aile gauche, commandée par le lieutenant-général Crespo et forte d'environ 14 mille hommes, était établie dans de forts retranchements garnis de batteries de canons, sur les bords de la Deba, et occupait les villages de Bergara et d'Elosua ; l'aile droite, aux ordres du général Filanghieri, protégeait la Navarre, et avait pris position à Lecumbery, sur le grand chemin qui conduit à Pampelune.

Le général Moncey résolut d'isoler ces deux corps et de les accabler ensuite l'un après l'autre.

Le 28 juin, le général Raoul, parti du camp d'Yziar avec 5 bataillons et 4 compagnies, s'empara du pont de Madariaga, força les Espagnols d'abandonner leurs redoutes en laissant entre ses mains 9 pièces de canon et un drapeau, et vint occuper la position de Motrico sur les bords de la mer. Le lendemain 29, s'étant avancé vers Marquina et Berrueta, il gagna les hauteurs d'Urreagui, dépassant la ligne de défense de Crespo sur sa gauche qu'il menaçait ainsi de prendre à revers.

En même temps, le général Willot, avec dix bataillons dont faisait partie la 114e demi-brigade, fit un mouvement sur le front et sur la droite des Espagnols à Elosua. Une troisième colonne de trois mille hommes se porta de Tolosa sur Villa-Réal pour couper la retraite de l'ennemi.

Ces dispositions qui étaient bien conçues furent très-bien exécutées ; si le général Crespo n'avait pas été prévenu à temps de la marche des Français, il n'aurait pas pu effectuer sa retraite avant l'arrivée simultanée des trois colonnes d'attaque et il est probable que son corps d'armée eût été accablé.

Abandonnant Elosua, le général espagnol résista sur la position de Bergara pour donner le temps à toutes ses troupes de le rejoindre ; puis, à la faveur de la nuit, il se replia sur Mondragon où il installa son quartier général, couvrant par sa droite la communication avec la Navarre, s'assurant par sa gauche les débouchés de la Biscaye.

*
* *

Le 3 juillet, les Français devaient faire un mouvement semblable pour envelopper la droite de l'armée espagnole, commandée par Filanghieri qui couvrait la Navarre. Dès le 1er juillet, la colonne du général Willot se mit en marche et vint se former le 2 au soir devant Tolosa. Le 3, au lever du soleil, quatre colonnes débouchèrent sur Lecumbery ; mais, de même que Crespo, le général Filanghieri, averti à temps de l'approche des Français, avait évacué Lecumbery pendant la nuit, et s'était replié, par les villages d'Erize et d'Ozquia, sur sa seconde ligne, établie sur les hauteurs d'Irurzun.

Depuis longtemps, les Espagnols exécutaient de grands travaux qui devaient rendre imprenable cette position déjà très-forte naturellement et qui offrait le double avantage de couvrir Pampelune et de conserver une communication directe avec la Biscaye par la grande route de Vittoria. L'avant-garde des Espagnols occupait Irurzun et ses environs ; leur gauche était appuyée aux bois d'Ozquia ; le centre fermait le grand chemin, et leur droite s'étendait, sur les hauteurs, jusqu'à Berrioplano.

Le 6 juillet, dans la nuit, trois colonnes françaises partirent de Lecumbery, et se mirent en marche à la file l'une de l'autre, sur le grand chemin. Au village de Latassa, elles se séparèrent : la première, de trois bataillons, sous les ordres du général Merle, gravit la haute montagne qui est à droite du grand chemin, et déboucha sur Irurzun, comme si elle fût arrivée de Vittoria ; la deuxième colonne, de trois bataillons et trois compagnies de carabiniers, commandée par le chef de brigade Harispe, passa par la montagne de la Trinité, et se dirigea sur Aizcorbe. La troisième colonne, de deux bataillons et 150 cavaliers, avec deux pièces de canon, suivit le grand chemin sous les ordres du général Willot, commandant en chef l'expédition. Enfin, une quatrième colonne était composée de cinq bataillons, et avait à sa tête le général Digonnet. Son mouvement, étendu à la gauche de Gulina et d'Aizcorbe, avait le double but de tourner l'avant-garde espagnole et de lui fermer le secours du grand corps d'armée ; elle devait aussi assurer la retraite, en cas de besoin.

A l'approche des Français, les Espagnols abandonnèrent Irurzun et ses environs. La vigueur de l'attaque eut raison de la résistance de l'ennemi. De part et d'autre, des prodiges de valeur furent accomplis, aussi bien par le général Filanghieri que par le général Willot. Enfin, à trois heures de l'après-midi, les Espagnols étaient définitivement rejetés dans la plaine et s'enfuyaient vers Pampelune.

Le lendemain 7 juillet, la division Willot établit son centre à Irurzun, sa gauche à Aizcorbe et sa droite au pied du col d'Araquil. La 114e Demi-Brigade fut placée à Latassa.

*
* *

Cette nouvelle position des Français séparait la division de Crespo d'avec l'armée de Navarre, en interceptant la route de Pampelune à Vittoria. Moncey songea alors à poursuivre avec vigueur la gauche ennemie que commandait Crespo en rabattant contre elle les divisions Dessein et Willot, et en laissant au général Digonnet le soin d'observer Pampelune.

Voici quelle était à ce moment la situation du général Crespo. Ce général, après l'abandon des bords de la Deba, avait lui-même pris position à Salinas de Guipuscoa ; et, pour éviter d'être enveloppé, il avait fait occuper les hauteurs d'Elgueta, jusqu'au mont San-Antonio, et les points de Satul et de Bellerant, qui semblaient lui assurer les communications de la Biscaye et de la Navarre. Mais l'occupation d'Irurzun par les Français avait tout à coup fermé ce débouché. Environner l'armée de Crespo, ou du moins la forcer d'abandonner ses dernières positions, tel fut le projet formé par Moncey.

La 114º Demi-Brigade arriva le 10 juillet à Irurzun où se réunissait la colonne expéditionnaire ; elle y séjourna le 11 et le 12. Le 13, cette colonne composée de 7 bataillons et de 200 chevaux, partit d'Irurzun se dirigeant sur Alsasma par Villa-Nueva, Huarte et Ariguil. Le 14, elle débusqua un corps espagnol d'environ 800 hommes du défilé d'Oysogueta, brûla son camp et atteignit le 15, sans autre obstacle, le village d'Ullibarri-Gamboa sur le chemin de Tolosa à Vittoria.

Le même jour (15 juillet), le général Dessein atteignait Villa-Réal d'Alava sur la route de Durango à Vittoria. Ce général avait pris, dès le 12 juillet, à Elgoybar, le commandement d'un corps de 4,500 hommes, formé d'une division des troupes d'Azpeytia, réunie à celles qui avaient passé la Deba. Le 13, il avait bousculé à Ermua la gauche de l'armée de Crespo, le 14 il était à Durango, le 15 à Villa-Réal d'Alava.

Le 16 juillet, après un engagement près d'Urbina qui obligea Crespo à se retirer, Dessein poussa son avant-garde sur Vittoria qu'il atteignit le 17 avec toute sa division.

Crespo, au lieu de se retirer sur Pancorbo, voulut sauver ce boulevard de la Castille en détournant les vainqueurs et les appelant sur un autre point. Il se porta sur Bilbao à marches forcées.

Le 18, le général Dessein se mit à sa poursuite. Après avoir opéré sa jonction avec le général Willot, il gagna Orduna le 19 et le lendemain Miravallès.

Crespo n'avait pas attendu les Français. Il ne fit que traverser Bilbao où Dessein entra sur ses pas, et, gagnant les montagnes, se réfugia dans la forteresse de Pancorbo, abandonnant la Biscaye.

Le général Moncey qui venait d'arriver à Bilbao, donna à ses soldats quelques jours de repos dont il profita pour modifier l'organisation de son armée. Les bataillons de campagne de la 114º Demi-Brigade furent placés dans la 2ᵉ brigade (général Schilt) de la 1ʳᵉ division (général Willot).

Après l'occupation de Vittoria, le général Miollis avait été envoyé avec 4 bataillons et 100 cavaliers vers Miranda pour surveiller l'ennemi. Le 24 juillet, cette colonne s'empara de la ville et du château de Miranda ; mais un retour offensif des Espagnols, encouragés par l'approche de Crespo, rejeta les Français au-delà de l'Ebre.

Le 25 juillet, le général Schilt quitta Bilbao avec sa brigade et fut bientôt suivi par le reste de l'armée sous les ordres du général Willot. Déjà un camp était établi au-dessus de Puebla, lorsque la nouvelle que la paix avait été signée, le 14 juillet à Bâle, arriva le 5 août à 4 heures du soir. Les hostilités cessèrent aussitôt.

Il paraît que l'intention du général en chef Moncey était de feindre le passage de l'Ebre à Miranda, tandis que les troupes se seraient portées sur Puente la Reyna pour former l'investissement de Pampelune.

Le 17 août, la 114e Demi-Brigade qui depuis le 3 août était à Puebla, vint occuper Vittoria.

Le 29 août, les troupes se mirent en route pour rentrer en France ; la 114e Demi-Brigade fit étape le 29 à Mondragon, le 30 à Villa-Réal de Guipuscoa et le 31 à Tolosa dont la garde lui fut confiée jusqu'à l'évacuation qui eut lieu le 3 septembre. Elle quitta alors cette ville et séjourna à Saint-Sébastien jusqu'au 21 septembre, jour où elle repassa la frontière.

Le 3 octobre, les 3 bataillons de la 114e Demi-Brigade furent réunis à Bayonne et tinrent garnison dans la citadelle.

CHAPITRE III

L'embrigadement des volontaires avec les troupes de ligne s'était effectué péniblement de la fin de 1793 au commencement de 1795. Dans certaines armées l'opération avait été difficile et était demeurée incomplète.

Pour des raisons multiples, sur 198 demi-brigades, 41 ne furent point formées ; en revanche, on dut créer des demi-brigades auxiliaires ou provisoires, de sorte qu'en réalité il y eut effectivement 238 demi-brigades. La chûte de Robespierre amena une désertion énorme, l'épuration vint à son tour, et il ne resta plus sous les drapeaux que les vieux soldats et ceux des volontaires qui étaient devenus des soldats.

La réduction de l'effectif devint si considérable que l'on fut amené à détruire l'organisation de 1794. Un décret du 1er février 1796 ordonna de reprendre les 238 demi-brigades existantes et les nombreux bataillons d'infanterie qui avaient continué à vivre isolément, et de les refondre en 140 demi-brigades nouvelles dont 110 de ligne et 30 légères.

La 114e Demi-Brigade, fondue avec les :

> 1er et 2e bataillons de la demi-brigade de Lot et Landes,
> 2e bataillon de la 2e demi-brigade provisoire,
> 29e légère ancienne,
> 9e bataillon de la Dordogne,
> 4e bataillon de Vaucluse,

devint la 35e Demi-Brigade de nouvelle formation, mais seulement le 23 septembre 1798 ; jusqu'à cette époque elle resta à Bayonne. Un grand nombre de sous-officiers et de soldats furent successivement détachés, ce qui amena une désorganisation telle qu'il fut impossible de l'employer. La situation de la 114e Demi-Brigade porte, en effet, qu'au 22 Frimaire an VI (12 décembre 1797), ses trois bataillons comptaient 14 sergents-majors, 6 sergents, 9 caporaux et 251 soldats dont 41 à l'hôpital.

OFFICIER

Ayant commandé la 114e Demi-Brigade

GUÉPART (1795-1798) né le 17 juin 1742. Soldat au Régiment de Beauvoisis le 24 mars 1758. Sergent le 13 mars 1763. Fourrier le 1er avril 1765. Porte-drapeau le 11 mai 1769. Sous-lieutenant le 3 janvier 1778. Lieutenant en second le 9 juin, en premier le 22 décembre 1786. Capitaine au 57e Régiment d'infanterie le 11 janvier 1793. — Chef de bataillon le 1er frimaire an II (21 novembre 1793). Chef de brigade le 5 floréal an III (24 mai 1795).

TROISIÈME PARTIE

EMPIRE

114ᵉ Régiment d'infanterie de ligne

(1808-1814)

CHAPITRE Iᵉʳ

CONSTITUTION DU RÉGIMENT

L'arrêté consulaire du 24 septembre 1803, qui remaniait en partie les demi-brigades, avait rétabli le nom de régiment.

Un décret du 7 juillet 1808 forma, avec les régiments provisoires d'infanterie, organisés le 10 mars précédent pour l'armée d'Espagne, 8 nouveaux régiments qui prirent les numéros 114 à 120 dans l'infanterie de ligne et le numéro 33 dans l'infanterie légère.

Le 114ᵉ Régiment d'infanterie de ligne fut organisé le 30 août 1808 au camp de Miranda sur l'Ebre par le général comte Beillard et par le sous-intendant inspecteur aux revues Le Barbier de Tinan.

Il fut formé de :

4 compagnies du 7ᵉ Régiment d'infanterie légère,
4 compagnies du 10ᵉ   —
4 compagnies du 16ᵉ   —
4 compagnies du 17ᵉ   —

qui composaient le 1ᵉʳ régiment provisoire d'infanterie légère, et de :

4 compagnies du 24ᵉ Régiment d'infanterie de ligne,
4 compagnies du 34ᵉ   —
4 compagnies du 63ᵉ   —

qui composaient le 2ᵉ Régiment provisoire d'infanterie de ligne.

De ces 28 compagnies on put former, avec l'appoint d'un fort détachement de recrues, quatre bataillons de six compagnies ; chaque bataillon compta 4 compagnies de fusiliers, une de grenadiers et une de voltigeurs. Les compagnies d'élite furent laissées à des effectifs très-faibles, les nominations devant se faire dans le cours de la campagne.

Un cinquième bataillon, formant dépôt et composé de quatre compagnies prises dans le 44ᵉ de ligne, fut organisé à Mont-de-Marsan et y resta jusqu'au mois de novembre 1813.

CHAPITRE II

INSURRECTION GÉNÉRALE EN ESPAGNE

La révolte du peuple de Madrid au 2 mai 1808 avait été comme un signal donné. L'abdication de Charles IV en faveur de Ferdinand VII, puis celle de Ferdinand VII en faveur de Joseph Napoléon rendirent le soulèvement général. L'Angleterre avait promis officiellement son appui aux députés asturiens. Des armées s'organisèrent sur divers points ; les passions religieuses s'unirent aux passions politiques ; les moines prêchèrent la guerre comme une croisade.

« Le mouvement devint en peu de temps formidable ; toutes les provinces se soulevèrent : nos malades, nos blessés, nos courriers furent égorgés. Bessières eut beau gagner, à Rio-Seco (14 juillet), une victoire qui ouvrit à Joseph les portes de Madrid, à Saragosse, à Valence, nos troupes furent repoussées ; et dans l'Andalousie, un des plus brillants généraux de la grande armée, Dupont, cerné à Baylen, signa une capitulation qui fut indignement violée (20 juillet). » (Victor Duruy.)

Au mois de septembre 1808, nous ne possédions plus, dans toute la Péninsule, que les provinces au nord de l'Ebre.

Le 114ᵉ Régiment fut placé dans la 1ʳᵉ brigade (général Brun), de la 2ᵉ division (général Musnier), du 3ᵉ corps d'armée (maréchal Moncey).

Voici, du reste, quelle était la composition du 3ᵉ corps le 30 octobre :

3ᵉ CORPS

Maréchal MONCEY, remplacé le 30 décembre 1808
par le général JUNOT

1ʳᵉ *Division* (général Grandjean). — 14ᵉ de ligne ; 44ᵉ de ligne ; 2ᵉ de la Vistule ; 3ᵉ de la Vistule.

2ᵉ *Division* (général Musnier). — 114ᵉ de ligne ; 115ᵉ de ligne ; 1ᵉʳ de la Vistule.

3ᵉ *Division* (général Morlot). — 5ᵉ léger ; 116ᵉ de ligne ; 117ᵉ de ligne ; 121ᵉ de ligne.

Cavalerie (général Wathier). — 4ᵉ hussards ; 13ᵉ cuirassiers.

L'armée d'Espagne, dont l'effectif s'élevait à 200 mille hommes et 50 mille cavaliers, était partagée en huit corps d'armée :

1ᵉʳ corps : Maréchal Victor.
2ᵉ — Maréchal Bessières (remplacé par Soult en novembre 1808).
3ᵉ — Maréchal Moncey.
4ᵉ — Maréchal Lefebvre.
5ᵉ — Maréchal Mortier.
6ᵉ — Maréchal Ney.
7ᵉ — Général Gouvion-Saint-Cyr.
8ᵉ — Général Junot duc d'Abrantès.

CHAPITRE III

SITUATION DES ARMÉES

Le major *Ducouret*, qui avait pris le commandement du 114ᵉ dès sa création, s'occupa aussitôt de perfectionner l'instruction, d'amalgamer les jeunes soldats avec les anciens et d'établir une discipline sévère.

Jusqu'au mois de novembre, le Régiment n'eut à soutenir que quelques combats sans grande importance entre Tafalla, Olise et Lérin ; mais, avant de nous attacher à ses pas, il est intéressant de connaître les positions respectives des deux armées espagnole et française à la fin d'octobre 1808.

Armée espagnole. — Trois corps principaux, ou plutôt trois armées séparées et distinctes, occupaient une espèce de ligne qui, partant des côtes des Asturies vers Santander, s'avançait en pointe sur la Biscaye, et, suivant ensuite le cours de l'Ebre jusque vers Tudela, remontait un peu dans la Navarre et l'Aragon et redescendait encore sur l'Ebre vers Saragosse.

Le corps de gauche, qui s'était avancé jusque vis-à-vis des hauteurs de Durango, en avant de Bilbao, dans la Biscaye, était fort de 50 mille hommes et commandé par le général Blake.

Le général Castanos, à la tête des troupes réglées et des levées d'Andalousie, de Valence et de Castille, au nombre de 40 mille combattants, venait de traverser l'Ebre, près de Tudela, pour avancer sa droite dans la direction de Sangueza et Pampelune ; sa gauche était à trois fortes journées de marche de l'extrême droite du général Blake.

20 mille Aragonais, sous les ordres de don José Palafox, se trouvaient entre les routes de Tudela et de Jacca à Saragosse, en avant de cette dernière ville.

En outre de ces trois corps, le corps d'armée de Catalogne, fort de 25 à 30 mille hommes, s'occupait alors de resserrer les troupes françaises dans les places de Barcelone et de Figuières.

Armée Française. — A cette même époque, les différents corps français qui avaient repassé l'Ebre dans les derniers jours d'août, occupaient les positions suivantes :

Les troupes du maréchal Moncey, formant la gauche de la ligne, bordaient la rive droite de la rivière Aragon ; le maréchal avait son quartier général à Tafalla.

Le maréchal Ney commandait un autre corps d'armée cantonné à Guardia, faisant face à l'Ebre.

Les troupes du maréchal Bessières occupaient Miranda, et, sur la rive droite de l'Ebre, l'important défilé de Pancorbo.

Une division, sous les ordres du général Merlin, était postée sur les hauteurs de Durango, pour couvrir la grande route de Vittoria à Bayonne. A l'arrivée du corps du maréchal Lefebvre, cette division rentra à Vittoria. (11 octobre.)

Enfin le maréchal Victor s'avançait avec son corps d'armée jusqu'à Orduna.

CHAPITRE IV

ANNÉE 1808

Napoléon arriva le 5 novembre au quartier général de Vittoria. A partir de ce moment, les évènements se précipitèrent.

La bataille de Burgos (10 novembre) d'une part, celle de l'Espinosa (11 novembre) d'autre part, avaient dispersé les armées de l'Estramadure et de Galicie formant le centre et la gauche de la grande armée espagnole ; mais l'aile droite, commandée par Castanos et Palafox, était encore intacte. Napoléon confia au maréchal Lannes la direction du mouvement décisif qu'il avait réservé aux corps de gauche de l'armée française. Lannes quitta le quartier impérial le 19 novembre pour se rendre à Lodosa, où se trouvait le maréchal Moncey.

Le maréchal Ney reçut l'ordre de se diriger, avec une partie de ses troupes, vers Soria, pour couper la retraite de l'ennemi sur Madrid ou sur le royaume de Valence. En même temps, les divisions qui formaient le corps d'armée du maréchal Moncey passèrent l'Ebre à Lodosa (21 novembre) ; le 22, elles arrivèrent à Calahorra. La division Lagrange se joignit au 3° corps et les troupes se dirigèrent vers l'ennemi qu'elles rencontrèrent le lendemain.

*
* *

Tudela

(23 novembre 1808)

Les généraux espagnols avaient pris position, la droite en avant de Tudela et la gauche près du village de Cascante, occupant ainsi une ligne de bataille d'une lieue et demie d'étendue. Le 23, à neuf heures du matin, l'armée française commença son déploiement avec l'ordre, la régularité et la précision qui caractérisent des troupes exercées, tandis que le tumulte et l'agitation régnaient dans les rangs presque partout indisciplinés de l'armée ennemie.

Le centre fut le premier enfoncé, puis la droite contre laquelle donna le 114ᵉ et qu'il contribua à mettre en déroute. Enfin, la gauche ennemie ne tint guère plus longtemps et l'armée espagnole abandonna le champ de bataille dans le plus grand désordre.

7 drapeaux, 30 pièces de canon, 12 colonels, 300 officiers et 3 mille soldats prisonniers, furent les trophées de cette victoire ; plus de 4 mille hommes avaient été tués ou noyés dans l'Ebre.

Le maréchal Lannes laissa Moncey poursuivre l'ennemi jusqu'à Alagon ; le manque de vivres empêcha de pousser plus avant, et Palafox put se retirer à Saragosse avec les débris de son armée.

Le maréchal Ney, qui avait passé par Soria, Agreda, Tarrazona et Borja, avait opéré sa jonction avec le troisième corps, mais pour se mettre aussitôt à la poursuite du général Castanos, vers Madrid.

* *

Siège de Saragosse

Le maréchal Moncey, resté seul (la division du général Lagrange ayant rejoint le corps de Ney dont elle avait été distraite), demeura à Alagon (2 décembre), où il attendit l'arrivée du 5ᵉ corps d'armée, commandé par le maréchal Mortier, pour entreprendre le siège de Saragosse.

Les deux divisions du maréchal Mortier arrivèrent sur le Jiloca le 19 décembre.

Les deux corps d'armée se mirent en marche le 20 et arrivèrent le même jour en vue de Saragosse. La division Gazan (5ᵉ corps) passa sur la rive gauche de l'Ebre ; la division Suchet (5ᵉ corps) prit position sur la rive droite du fleuve, près d'un couvent, à une lieue de Saragosse. Le 3ᵉ corps suivit la rive droite et le maréchal Moncey plaça la division Musnier sur un plateau, à gauche de la Huerba, en face des grandes écluses ; les deux autres divisions se postèrent à la droite de cette rivière.

Le 21, la division Musnier fut placée sur les avenues allant de la ville au Monte-Torrero, complétant ainsi l'investissement de la place.

La place de Saragosse était l'espoir des Espagnols ; Palafox avait mis à profit le répit que lui avaient forcément accordé les Français depuis la bataille de Tudela, en faisant travailler les Aragonais aux fortifications de la place. Les habitants y avaient mis une ardeur extraordinaire : Saragosse n'était-il pas le boulevard contre lequel viendrait se briser l'impétuosité française ?

La garnison aux ordres du général Palafox était de 35 à 40 mille hommes, dont 8 à 10 mille d'anciens régiments de ligne et 2 mille de cavalerie. Il faut ajouter à ce nombre 15 mille paysans bien armés, qui concouraient à la défense de la ville avec encore plus d'ardeur que les troupes réglées, et beaucoup d'habitants, parmi lesquels se faisaient remarquer particulièrement tous les moines et prêtres valides. Plus de 150 bouches à feu étaient en batterie.

L'armée assiégeante se composait des 3e et 5e corps dont nous avons donné la composition et indiqué les emplacements. Le 3e corps présentait un effectif de 14 à 15 mille combattants, le 5e corps de 16 à 17 mille hommes. Six compagnies d'artillerie, huit compagnies de sapeurs, trois compagnies de mineurs, 40 officiers du génie et soixante bouches à feu complétaient la force de l'armée française.

La position de Monte-Torrero et la tête de pont des grandes écluses furent enlevées le 22 décembre.

Le maréchal Moncey adopta l'ensemble du plan d'attaque que lui soumit le général du génie Lacoste ; cet officier général proposait trois attaques : l'une, sur le château de l'Inquisition pour inquiéter l'ennemi de ce côté ; une seconde, sur la tête de pont de la Huerba ; la troisième, sur le couvent ou fort de San-José, point jugé le plus faible.

Les travaux commencèrent dans la nuit du 29 au 30 décembre. Le 2 janvier 1809, le général Junot, duc d'Abrantès, vint remplacer le maréchal Moncey dans le commandement du 3e corps. Il apportait au maréchal Mortier l'ordre de se porter avec la division Suchet sur Catalayud afin d'établir la communication avec

Madrid. Ce départ inattendu affaiblit les forces assiégeantes de 9,000 hommes.

Le 3º corps se trouva ainsi chargé seul du siège et du blocus de la rive droite. Il était de plus obligé d'envoyer de forts détachements dans les villages voisins, pour approvisionner le camp de vivres et de fourrages, qu'on ne pouvait avoir que les armes à la main. La division Morlot prit la place de la division Suchet.

Pendant ce siège mémorable, le 114º ne cessa jour et nuit d'être employé soit aux travaux, soit à la garde des tranchées.

Les vivres manquaient, déjà le soldat avait été réduit à la demi-ration de pain, sans viande ; les réquisitions restaient sans effet. L'armée française, ne comptant plus que 22 mille hommes pour en assiéger 50 mille, se trouvait hors d'état de faire des détachements pour se procurer des vivres de vive force. On ne saurait trop admirer l'abnégation et la discipline de ces braves soldats à ce moment du siège où les troupes enfermées dans la place étaient pleines de confiance et d'énergie !

Jusqu'alors il n'y avait point eu dans les opérations de l'armée de siège cet ensemble qui fait la force des armées. Le 22 janvier, le maréchal Lannes vient prendre le commandement en chef des 3º et 5º corps qui, réunis ainsi, furent mus par une volonté ferme et unique. Le maréchal Mortier reçut l'ordre de revenir avec la division Suchet.

Le 26, toutes les batteries étant enfin terminées et armées, cinquante bouches à feu ouvrirent, dès le matin, un feu violent contre les deux points d'attaque et firent taire en peu d'heures une partie de l'artillerie de la place. Le feu continua le 27, et, les brèches ayant été jugées praticables, on se disposa à l'assaut.

Toutes les troupes de siège prirent les armes. Le rempart est à peine emporté qu'un feu terrible part de toutes les maisons : plus de 600 hommes sont mis hors de combat.

Alors commença dans l'intérieur de la ville un combat de rue à rue, de maison à maison qui dura vingt-trois jours. Tous les murs étaient crénelés d'avance à tous les étages ; les portes et les fenêtres étaient barricadées; les rues étaient enfilées dans toute leur longueur par des batteries abritées. La prise de chaque maison exigeait un assaut. Les Aragonais, mus par le double ressort de la liberté et de la religion, se défendaient d'étage en étage, de chambre en chambre. Les moines parcouraient les rues, les armes à la main, entraînant les uns au combat, forçant les autres au travail des batteries et des fortifications. Au couvent des Capucins, on vit un religieux le crucifix d'une main et le sabre de l'autre. On remarquait des femmes, des dames élégantes, armées d'un fusil, de pistolets ou d'un sabre, animant les officiers par l'exemple d'une bravoure extraordinaire.

Ces obstacles sans cesse renaissants auraient rebuté d'autres troupes que les troupes françaises ; cependant, elles étaient harassées, et tous ces combats meurtriers, et pour ainsi dire corps à corps, où succombaient journellement des officiers et les soldats les plus braves, sans faire des progrès bien sensibles, n'avaient pu détruire leur énergie. Le maréchal Lannes savait maintenir l'esprit de son armée : il représentait aux uns que l'ennemi perdait infiniment plus de monde que les troupes de siège, que ses forces étaient épuisées, aux autres que les bombes, les mines et les maladies ne tarderaient pas à détruire les défenseurs de Saragosse jusqu'au dernier, s'ils avaient pris, à l'exemple des Numantins, la résolution de s'ensevelir sous les ruines de leur ville. En effet, les maisons et les cours dont on s'emparait chaque jour étaient encombrées de cadavre, et il semblait que les Français ne combattaient plus que pour la possession d'un cimetière. En même temps, le duc de Montebello écrivait à l'Empereur : « Sire, c'est une guerre qui fait horreur ! ».

Enfin, le 20 février vers quatre heures de l'après-midi, la junte de Saragosse envoya une députation au maréchal Lannes pour traiter de la paix ; le feu cessa à l'instant de part et d'autre. Le maréchal exigea que la ville se rendît à discrétion.

Le 21, la garnison défila hors de la place et mit bas les armes devant l'armée victorieuse.

50 mille individus de tout âge et de tout sexe, c'est-à-dire la moitié des habitants ou réfugiés et les deux tiers de la garnison, réduite à 16 mille hommes, avaient péri pendant ce siége extraordinaire.

113 pièces de canon, 40 drapeaux, de grands approvisionnements de blé furent trouvés dans la place.

Ainsi se termina un des sièges les plus mémorables qu'on puisse lire dans l'histoire ancienne et moderne, après cinquante-deux jours de tranchée ouverte, dont vingt-neuf pour forcer l'enceinte et vingt-trois autres de combats de maison en maison.

« La résistance des Espagnols fut prodigieuse surtout par l'obstination, et attesta chez eux autant de courage naturel que leur conduite en rase campagne attestait peu de ce courage acquis qui fait la force des armées régulières. Mais le courage des Français, attaquant 20 mille contre 50 mille des ennemis retranchés, était plus extraordinaire encore ; car, sans fanatisme, sans férocité, ils se battaient pour cet idéal de grandeur dont leurs drapeaux étaient alors le glorieux emblème. » (Thiers.)

CHAPITRE V

ANNÉE 1809

Le 114ᵉ, sous les ordres du colonel *Arbod* qui avait pris le commandement du Régiment dès le 23 janvier, resta en garnison dans Saragosse.

Quelques jours après la prise de cette place, le 5ᵉ corps, commandé par le maréchal Mortier, se mit en marche sur la Castille, afin de soutenir les opérations des autres corps d'armée dans le midi de l'Espagne et sur les frontières de Portugal. Le général Suchet, ayant remplacé le 17 mai le général Junot dans le commandement du 3ᵉ corps, resta en Aragon où nous allons le voir justifier par des opérations brillantes et décisives, la bonne opinion que l'empereur avait conçue de ses talents, de son expérience et de son dévouement.

Le maréchal Lannes fut rappelé en France par Napoléon qui avait quitté l'Espagne en janvier.

***

Le 3ᵉ corps comptait à cette époque 10,527 combattants, non compris la 3ᵉ division qui était détachée en Castille. La 1ʳᵉ division était commandée par le général Laval, la 2º par le général Musnier, la 3º par le général Habert et la cavalerie par le général Wathier ; l'artillerie comprenait 20 bouches à feu.

Voici quelle était la composition de la 2º division :

2º *Division* (général Musnier) : 4,798 hommes. — 114º de ligne, 3 bataillons (1,627 hommes) ; 115º de ligne, 3 bataillons (1,732 hommes) ; 1ᵉʳ de la Vistule, 2 bataillons (1,039 hommes) ; 121º de ligne, 1 bataillon (400 hommes).

Dans un état voisin du découragement, ce corps d'armée était loin de compenser par sa force morale la faiblesse de son effectif. Le général Suchet, avant de conduire ses troupes à l'ennemi, espérait avoir le temps de relever leur moral, de ranimer leur confiance et de rétablir l'ordre, que compromettait un sensible relâchement dans la discipline. Malheureusement il se trompait.

Blake, qui n'ignorait pas la situation du 3º corps, conçut le projet de le rejeter en Navarre et sur les Pyrénées et de s'emparer de la grande communication de Bayonne à Madrid, afin de séparer de leur base d'opération les armées françaises enfoncées dans la Péninsule. De nombreux partisans s'organisèrent de toutes parts et commencèrent une guerre de détail qui ne cessa plus de harceler le 3º corps dans toutes ses opérations.

*
* *

Alcaniz

(23 mai 1809)

A peine arrivé le général Suchet, forcé de renoncer à son projet de réorganiser son corps d'armée, dut songer d'abord à marcher au secours de sa 1ʳᵉ division, qui, menacée par Blake, s'était ralliée sur les hauteurs de Hijar. Il sortit de Saragosse le 21 mai avec sa 2º division, et se réunit au général Laval en arrière de Hijar. Le général en chef rappela à ses troupes la gloire qu'elles avaient acquise dans les tranchées de Saragosse, leur parla de l'espoir que la patrie mettait dans leur valeur, et, tout à la fois inquiet et empressé de les essayer, il se mit en marche dans la nuit du 22, et le 23, à six heures du matin, se présenta devant Alcaniz.

L'armée espagnole était adossée au cours de la rivière de Guadalupe, en face d'Alcaniz. Un mamelon, dit de las Horcas, situé devant le défilé du pont et les débouchés de la ville, couvrait le centre de la ligne ennemie ; il était défendu par du canon et une ligne d'infanterie. Le général Suchet espérait qu'en s'emparant de cette colline la défense des ailes tomberait sans effort. En conséquence, deux attaques furent dirigées contre les deux ailes pour les contenir, tandis que le général Fabre, à la tête du 114° de ligne et du 1er Régiment de la Vistule, se portait en colonne d'attaque sur le mamelon, au pied duquel il arriva sous un feu violent de mitraille et de mousqueterie. Là, une large coupure arrêta la colonne qui commença à flotter ; malgré tous ses efforts pour traverser cet obstacle, elle fut obligée de se replier. Pendant ce temps, l'attaque de la droite espagnole avait également échoué. Suchet suspendit l'action, mais ne se retira qu'à la nuit.

Les lieutenants *Blanchet* et *Reboul*, du 114°, furent blessés dans ce combat.

L'ennemi, se contentant de son succès, ne suivit pas le mouvement rétrograde des deux divisions françaises, qui le 30 prirent position sous Saragosse. En route, le 114° avait passé deux jours à la Puebla de Hijar ; sous Saragosse il vint camper près de la Chartreuse de la Conception.

*
* *

En s'arrêtant devant Saragosse, le général Suchet concentra sa petite armée sur ce point unique en attendant l'arrivée de sa 3° division qui venait de Tudela. Il s'attacha surtout à relever le moral de ses soldats, en même temps qu'il s'occupait de leur bien-être. Des revues fréquentes, des exercices à feu et des grandes manœuvres, dont on occupait leurs journées comme en pleine paix, le rappel à la tenue et à la discipline leur rendaient la confiance en eux-mêmes et en leurs chefs, et firent renaître dans leurs cœurs le sentiment presque éteint de leur valeur. Quinze jours suffirent pour obtenir ces importants résultats.

*
* *

Combat de Maria

(15 juin 1809)

Si après le combat d'Alcaniz Blake se fût porté rapidement en avant sans laisser au 3e corps le temps de se reconstituer, il l'aurait peut-être forcé à évacuer l'Aragon ; mais, attendant quelques renforts de Valence, il se contenta d'exercer ses troupes aux marches et aux manœuvres et d'encourager et de presser l'explosion des insurrections locales.

Dans les premiers jours de juin, le général Blake mit son armée en marche et se dirigea du côté de Belchite, à la tête d'environ 20 mille hommes de troupes régulières, sans compter de nombreuses bandes de miquelets qui devaient protéger ses flancs et harceler les troupes du 3e corps sur tous les points. Le général Suchet, renseigné sur son mouvement, l'attendit de pied ferme.

Le 15 juin, le général Blake arriva à Maria, à deux lieues et demie de Saragosse, et déploya son armée en avant de la petite rivière que la grande route traverse par un pont près de ce village. Il appuya sa droite à la Huerba, dont il occupa les deux rives, et prolongea son centre et sa gauche sur les hauteurs qu'il garnit d'infanterie formée sur deux lignes et d'artillerie. La cavalerie était placée à la droite. Cette formation se prit lentement ; et, quoique les armées fussent très rapprochées, il n'y eut dans la matinée que quelques combats d'avant-postes.

Le général Suchet cherchait à gagner du temps jusqu'à l'arrivée du général Fabre, qu'il avait détaché à Villa-de-Muel pour éclairer son flanc droit, et de sa 3e division, qui arriva vers midi. A deux heures, l'attaque commença sur toute la ligne. L'armée espagnole fit d'abord un mouvement par sa gauche contre la droite française, menaçant de la déborder ; mais le général Suchet détacha aussitôt sur le flanc gauche de l'ennemi les lanciers polonais et 200 voltigeurs, tandis qu'un bataillon du 114e de ligne marcha directement en colonne d'attaque contre cette aile, ce qui força les bataillons espagnols à se replier sur leur ligne de bataille.

Aussitôt, le général en chef fait attaquer la gauche et le centre

4

de Blake ; il ordonne au général Musnier de franchir un ravin qui sépare les deux armées : le 1er régiment de la Vistule, les 114e et 115e régiments déployés se portent aussitôt contre la position des espagnols sous un feu meurtrier d'artillerie. Ceux-ci résistent à cette attaque et arrêtent le 115e au bord du ravin ; mais le chef d'état-major du 3e corps se précipite dans le ravin et rétablit le combat. A ce moment, un violent orage éclate sur les combattants qu'il dissimule les uns aux autres.

Le temps est à peine éclairci que le général Suchet, refusant sa gauche, lance contre la droite ennemie la cavalerie du général Wathier qui s'empare du pont de Maria, en arrière de l'extrême droite de la ligne espagnole : la droite de Blake est rompue, sa cavalerie culbutée ; assaillie en flanc par le général Habert, de front par le général Musnier, toute la ligne ennemie se précipite en désordre dans les ravins pleins d'eau et ne s'échappe qu'à la faveur de la nuit.

Vingt-cinq pièces de canon, trois drapeaux, un général, huit officiers supérieurs, 400 soldats prisonniers, tels furent les trophées de ce combat où les Espagnols avaient eu en outre plus de 1,200 hommes tués. La perte des Français fut de 600 à 700 hommes tués ou blessés.

***

Le combat de Maria venait de sauver Saragosse. Le général Suchet sentit qu'il fallait suivre cet avantage avec toute l'activité possible, afin d'expulser entièrement de l'Aragon une armée encore bien redoutable malgré sa défaite. Il se mit donc sur-le-champ à la poursuite de Blake, l'atteignit à Botorrita, où il avait rallié ses troupes, et le força à continuer jusqu'à Belchite son mouvement rétrograde.

***

Combat de Belchite
(18 juin 1809)

Le 18 juin, le général Suchet trouva l'armée espagnole rangée en bataille devant Belchite, bourg situé à neuf lieues au sud de Saragosse.

Blake, qui avait reçu un renfort de 4 mille hommes, voulait

tenter d'arrêter la marche victorieuse de son adversaire. Le centre de la ligne espagnole s'appuyait à Belchite et au couvent de Santa-Barbara ; la droite était sur une hauteur appelée le Calvaire, défendue par un fossé et protégée par le bourg, qui a une enceinte et des portes ; la gauche s'étendait, derrière des espèces de retranchements naturels, jusqu'à l'hermitage de Nuestra-Senora del Pueyo. Des plants d'oliviers qui garnissaient le terrain en avant du front de l'ennemi étaient occupés par de nombreux tirailleurs, et la cavalerie était postée sur la route de Saragosse.

Le général Suchet ayant déployé ses troupes dans la plaine en avant de Belchite, fit avancer un bataillon vers le centre de l'ennemi, pour l'occuper sur ce point, tandis que la 3ᵉ division se portait sur les hauteurs à droite de Belchite et que le général Musnier marchait en colonne par bataillon sur la gauche des Espagnols, pour les déborder et les charger ensuite vigoureusement. Ces mouvements furent exécutés avec la plus grande précision. Le 114ᵉ Régiment et le 1ᵉʳ régiment de la Vistule abordèrent l'ennemi avec impétuosité sous un feu terrible de mitraille, tandis que le 115ᵉ prenait plus à gauche. Pour la deuxième fois, le général Suchet manifestait sa confiance dans le 114ᵉ, confiance qui devait encore s'accroître avec les évènements !

Une charge de la cavalerie de Blake fut repoussée par les hussards. Un obus de l'artillerie française, ayant fait sauter un des caissons espagnols, mit la plus grande confusion dans les rangs ennemis. Bientôt toutes les positions furent enlevées ; l'ennemi abandonna 9 pièces de canon, les dernières qui lui étaient restées de l'affaire de Maria, et toutes ses munitions. Les soldats, en fuyant, jetaient leurs sacs et leurs fusils pour courir plus vite.

Ce combat, dans lequel les Français eurent à peine 40 morts et 200 blessés, tant leur attaque avait été brusque et bien dirigée, leur valut, outre les 9 derniers canons de l'armée espagnole, un drapeau, 23 caissons, des voitures de bagages, une grande quantité de fusils et plus de 4 mille prisonniers. 7 à 800 Espagnols avaient été tués.

Les troupes victorieuses campèrent le soir à Alcaniz, dont le château fut dès le lendemain mis en état de défense par le 114ᵉ.

Ainsi, quelques jours avaient suffi au général Suchet pour

détruire ou disperser entièrement l'armée de Blake. « Soldats ! disait le général à ses troupes, que ces succès vous apprennent à juger de votre force. Lorsque la confiance en vous-mêmes et la discipline vous conduiront, vous serez toujours invincibles ! »

CHAPITRE VI

FIN DE LA CAMPAGNE DE 1809

L'armée de Blake n'existait plus ; mais les Espagnols qui la composaient, rentrés dans leurs foyers ou dispersés dans le pays, servirent d'aliment et de renfort aux bandes de partisans déjà formées, qui recrutèrent ainsi de meilleurs soldats et de bons officiers. Alors commença dans tout le nord de l'Espagne cette guerre de guérillas qui défendit plus efficacement le pays que les armées régulières.

Pendant les derniers mois de l'année, le 114ᵉ, dont l'état-major continua de résider à Alcaniz, fut partagé en une foule de petits détachements qui livrèrent sur différents points de l'Aragon une série de petits combats peu importants, mais non sans honneur ni utilité. Ces sortes d'expéditions ne demandaient pas moins de force physique et de patience que de valeur et d'intelligence ; les hommes qui y étaient destinés avaient à supporter les marches les plus pénibles et les plus rudes fatigues ; car à peine battus et dispersés sur un point, les insurgés, souvent plus hardis après une défaite qu'avant le combat, se présentaient sur un autre avec une persévérance infatigable. Dans ces petites opérations, où tant de dévouement et d'actions d'éclat restent presque toujours ignorés, les troupes ne sont pas moins dignes de l'estime et de la reconnaissance de leur pays, que sur ces vastes champs de bataille arrosés du sang de plusieurs milliers d'hommes.

Dès la fin de 1809, la présence d'une armée disciplinée et d'une administration sage et honnête avait considérablement amélioré la situation de l'Aragon.

Les opérations du général Suchet présentent en résultat une

armée détruite, une vaste province conquise dans l'espace de quelques jours, des bandes de miquelets, sinon anéanties, du moins dispersées sur tous les points, mises hors d'état d'agir de concert, et par conséquent de pouvoir rien entreprendre d'inquiétant. Ce résultat est obtenu par un corps d'armée dont l'effectif est à peine de 16 mille hommes, obligé de faire face à la fois sur tous les points à des ennemis persévérants dans leurs attaques, inébranlables dans les sentiments de haine et de vengeance que leur inspirent le fanatisme religieux et l'amour de la patrie.

CHAPITRE VII

CAMPAGNE DE 1810

La paix, signée à Vienne le 14 novembre 1809, avait permis d'envoyer en Espagne de nombreux renforts. Le général Suchet conçut alors le projet d'entreprendre le siège des villes de la Catalogne. Il en fut empêché par les bandes de guérillas dont il voulut tout d'abord purger le pays et aussi par le plan de campagne du roi Joseph ainsi qu'on le verra plus loin.

* *

La Navarre, les districts voisins de l'Aragon et la route de Pampelune à Saragosse étaient le théâtre des exploits de Francisco-Xavier Mina. Ce jeune chef de partisans, âgé de dix-neuf ans, était d'une audace extrême. Un jour, déguisé en paysan, il se mit, près d'Olite, dans un groupe assemblé sur la route de Saragosse, pour voir passer le général Suchet se rendant à Pampelune. C'est ainsi que tous les Espagnols qui prenaient les armes contre les Français pouvaient parcourir le pays avec la certitude de n'être pas découverts ni trahis par leurs compatriotes. Serrées de trop près par les troupes détachées à leur poursuite, les guérillas se dispersaient ; chaque homme cachait ses armes, rentrait dans ses foyers, logeait et mangeait avec l'ennemi, et au premier signal rejoignait son chef.

Le 114º fut mis à la disposition du général Harispe, que Suchet avait chargé de poursuivre le jeune Mina. Dans les premiers jours de janvier, le général français se dirigea sur Cinco-Villas et marcha contre ce chef influent qui occupait Sanguesa ; mais celui-ci, refusant le combat, quitta cette ville et prit position à Montréal ; là encore, il se replia sans nous attendre.

Le général Harispe, partageant alors le 114º en plusieurs petites colonnes, pourvues de pièces de montagne qui se portaient à dos de mulet, poursuivit sans relâche les troupes de Mina et les rejeta dans les montagnes de la Navarre, où le général Dufour avait fait occuper tous les passages. Cerné de toutes parts, dans les derniers jours de mars, Mina tomba au milieu des postes français, fut pris et envoyé en France, où il resta jusqu'en 1814. Cet événement délivra l'armée française d'un partisan très entreprenant et calma pour quelque temps les troubles de la Navarre.

*
* *

Rien n'empêchait plus le général Suchet d'aller mettre le siège devant Lérida, lorsque le roi Joseph ordonna au chef du 3º corps de marcher rapidement sur Valence. Le 1er mars 1810 son quartier général fut à Sarion et, le 5 mars, Suchet arrivait sous les murs de la capitale du royaume de Valence. Le général français y demeura pendant cinq jours dans l'espoir que cette grande et opulente cité ouvrirait ses portes à la vue d'une armée victorieuse ; mais, résignée à tous les sacrifices et inébranlable dans sa résolution, Valence, que les Français ne pouvaient ni investir, ni attaquer, ne voulut s'abaisser à aucun acte de soumission.

Dès lors le général Suchet prit la résolution de rentrer en Aragon ; et le 10 mars, à l'entrée de la nuit, l'armée leva son camp, et, réunie en une seule colonne, reprit la route de Téruel et de Ségorbe.

Il n'est pas sans intérêt, pour la suite de ce récit, de noter que c'est à cette époque que furent relevées par les Espagnols les antiques murailles de la forteresse de Sagonte.

*
* *

La division Musnier n'avait pas fait partie de la colonne sur

Valence ; pour occuper Saragosse et l'Aragon, le général Suchet avait laissé le général Vergès (114ᵉ) sur la Cinca et le général Buget sur la rive droite de l'Ebre.

* *
*

Siège et prise de Lérida

De retour, le 17 mars, de son expédition, le général Suchet disposa tous les préparatifs du siège de Lérida.

Cette entreprise offrait de grandes difficultés et exigeait des forces imposantes : de forts détachements étaient, en effet, nécessaires pour escorter les convois et il fallait contenir les places voisines de Tortose, de Mequinenza et de Tarragone. Ces considérations obligèrent le général en chef, dont le corps d'armée comptait un effectif de 22,536 combattants, à détacher 9,822 hommes et à n'en conserver que 12,714 devant la place.

Voici quelle était à ce moment la constitution du 3ᵉ corps :

1ʳᵉ *Division* (général Laval). — Général Montmarie : 14ᵉ de ligne ; 3ᵉ de la Vistule ; — Général Chlopiski : 44ᵉ de ligne ; 2ᵉ de la Vistule.

2ᵉ *Division* (général Musnier). — Général Paris : 115ᵉ de ligne ; 1ᵉʳ de la Vistule ; — Général Vergès : 114ᵉ de ligne ; 121ᵉ de ligne.

3ᵉ *Division* (général Habert). — 5ᵉ léger ; 116ᵉ de ligne ; 117ᵉ de ligne.

Cavalerie (général Boussard). — 4ᵉ hussards ; 13ᵉ cuirassiers ; lanciers polonais.

Les 4 bataillons du 114ᵉ comprenaient 2,364 hommes dont 1,689 devant Lérida. Le bataillon détaché, dont nous parlerons plus loin, était au château d'Alcaniz.

Lérida, située sur la rive droite de la Sègre, au milieu d'une vaste plaine, est une ville étendue dont la population, accrue de celles des villages voisins, s'élevait à peu près à 20,000 âmes. Elle n'est entourée que d'une simple muraille, mais la Sègre, rivière dont la largeur n'est pas inférieure à cent mètres, rapide et rarement guéable, la défend entièrement du Nord-Est au Sud-Ouest. Deux forts, bâtis sur deux collines auxquelles la place est adossée, la dominent, et ils sont assez rapprochés pour se prêter un mutuel appui. C'est dans la protection de ces forts, et surtout du Château situé au nord que consiste la principale force de Lérida. Le front ouest du Château était le seul dont on pouvait approcher par une attaque régulière ; mais pour entreprendre cette attaque, il fallait auparavant être maître de l'autre fort, le fort Garden. Ce dernier fort est bâti à l'extrémité Nord-Est d'un plateau allongé qui domine l'ouest de la ville, à 600 mètres de l'enceinte. Il était couvert par un grand ouvrage à cornes et par deux redoutes, del Pilar et San-Fernando, élevées à l'extrémité Sud-Ouest du plateau, à environ 700 mètres du fort.

La ville et les forts, abondamment pourvus de munitions de guerre et de bouche, étaient dans le meilleur état de défense possible. 105 bouches à feu garnissaient les remparts ; 10 mille hommes de troupes de ligne y étaient renfermés sous le commandement du maréchal de camp don Jaime Garcia Conde et le maréchal de camp don Jose Gonzalès était gouverneur de la place et du Château.

Le général Suchet osa entreprendre un siège aussi difficile avec un corps d'armée relativement faible. L'investissement de Lérida fut formé au commencement d'avril ; le 114° s'était avancé par Mouzon le 10 et le 13 il était en vue de la place.

Le blocus était à peine achevé que le général en chef eut à faire face à une tentative du général O'Donnell contre l'armée de siège. Prévenu à temps, Suchet confia à la division Musnier le soin d'attendre l'ennemi sous les murs de la place. Le général Musnier a à peine le temps de se mettre en marche avec sa division d'infanterie que le général Boussard lance le 13° cuirassiers sur les escadrons et bataillons espagnols ; en un instant, l'ennemi est culbuté, enfoncé, dispersé, la plaine est jonchée de cadavres. Cette charge sans exemple ne permit pas à l'infanterie de tirer un seul coup de fusil et mit au pouvoir des vainqueurs un général, 8 colonels, 271 officiers, 5,337 soldats, 1,000 chevaux, 3 étendards, un drapeau et 500,000 cartouches.

L'entière défaite des troupes du général O'Donnell produisit un grand découragement dans la garnison, qui, du haut des remparts de Lérida, avait été spectatrice du combat. La même cause éleva, au contraire, au plus haut degré l'énergie des assiégeants.

Le général Suchet était trop habile pour ne pas mettre immédiatement à profit ces dispositions morales, qui décident presque tous les succès. Dans la nuit du 23 au 24, il fit attaquer les redoutes du fort de Garden. A minuit, un bataillon du 114° aborda vivement la redoute de Pilar. Le lieutenant *Mabire*, franchissant le parapet, pénétra le premier à l'intérieur et tua de sa main l'officier qui commandait ; les Espagnols, effrayés, furent tous tués ou faits prisonniers. Mais le bataillon du 121° fut moins heureux à la redoute de San-Fernando, défendue par 50 hommes déterminés à ne pas céder. L'escarpe du fossé, profond d'une dizaine de mètres, arrêta tous les efforts ; n'ayant pas d'échelles, les soldats tentèrent, sans succès, d'enfoncer la porte de la gorge. Ils durent se replier. La redoute de Pilar, dominée par celle de San-Fernando, fut évacuée par les soldats du 114° qui, avant de se retirer, enclouèrent et renversèrent dans l'escarpement les deux pièces de douze qu'ils ne pouvaient emmener.

Le général Suchet se vit obligé de faire le siège régulier. Dans la nuit du 29 avril, la tranchée fut ouverte à 800 mètres au nord du Château. Dans cette nuit même, on s'avança jusqu'à moins de 300 mètres de la ville. Mais bientôt des orages inondèrent les travaux et renversèrent les épaulements. Le général en chef fit rédiger des instructions sur le service des tranchées qui passent pour un modèle : au service par détachements employé jusqu'alors, il substitua le service par fractions constituées, par compagnie commandée par ses officiers. Persuadé qu'une compagnie peut aussi bien être animée de l'esprit de corps qu'un bataillon ou un régiment, le général Suchet donna ainsi aux troupes employées à la tranchée plus de consistance et de solidarité.

Dès le 7 mai, au point du jour, deux batteries de brèche commencèrent à tirer contre la place, tandis que trois autres batteries lançaient des bombes et des obus sur le Château. Le soir même, 300 Espagnols sortis par la porte Neuve, se glissèrent le long du rempart, et, se jetant tout à coup sur la parallèle, surprirent et repoussèrent le peloton de garde. Le lieutenant *Régnault* qui était en réserve de ce côté avec une compagnie du 114°, accourut aussitôt et refoula l'ennemi en lui faisant plusieurs prisonniers.

Le lendemain, une seconde parallèle ouverte à 120 mètres permit de conduire des boyaux jusqu'au pied des murs.

Le 12 mai, l'artillerie, ayant démasqué de nouvelles batteries, ouvrit une brèche au bastion de l'Ascension et fit sauter un magasin d'obus dans le Château. Le général Suchet se porta à la droite pour diriger lui-même une attaque combinée sur les deux redoutes et sur l'ouvrage à cornes du plateau du fort Garden. Le général Vergès, avec un bataillon du 114°, quatre compagnies d'élite du 121° et 100 travailleurs, fut chargé de l'attaque des redoutes de Pilar et de San-Fernando. A minuit, le 2° bataillon du 114° s'élance sur la redoute de Pilar, plante les échelles, franchit le parapet, pénètre dans l'enceinte malgré une fusillade des plus vives et plusieurs décharges à mitraille. Une soixantaine d'Espagnols parvinrent à s'enfuir, plus de deux cents furent tués à coups de baïonnettes. La redoute de San-Fernando, où se trouvaient cinq pièces de canon, fut enlevée avec le même succès par le 121°. Dans le même temps, le général Buget, à la tête de quatre compagnies d'élite du 114°, deux du 121°, deux du 3° de la Vistule et 400 travailleurs, escaladait l'ouvrage à cornes et pénétrait dans son enceinte, poursuivant les Espagnols jusqu'aux palissades du fort Garden. Au lever du jour, les troupes étaient couvertes et établies dans les ouvrages enlevés.

Le lendemain 13, le général Suchet profita de l'enthousiasme causé par ce fait d'armes pour ordonner l'assaut. Le feu des batteries assiégeantes cessa tout à coup, et, à sept heures du soir, quatre bombes lancées à la fois donnèrent le signal. Ni le feu terrible de toutes les batteries de l'ennemi, alors convergentes sur un seul point, ni une vive fusillade qui s'engage des maisons, dans la rue, sur le quai, ne peuvent arrêter l'audace des assaillants. Ils surmontent tous les obstacles au pas de charge. La terreur se répand dans la ville. Tous les habitants : hommes, femmes, vieillards, enfants, menacés de toutes les horreurs inséparables d'un assaut, courent de toutes parts pour chercher un asile dans le Château ; ils encombrent les fossés, les cours, les bâtiments. « Toute la nuit, le général Suchet fit accabler d'obus, de bombes, de grenades, cette étroite enceinte, remplie d'hommes, de femmes, d'enfants, qui poussaient des cris affreux. Scène terrible qu'il était impossible d'éviter, car la fin immédiate du siège dépendait du désespoir auquel on réduirait ces malheureux habitants accumulés dans le Château. » (Thiers.)

Le 14, à dix heures du matin, le drapeau blanc qui flottait sur le principal bastion du château, montra que l'ennemi renonçait à toute résistance. Le gouverneur Gonzalès obtint de défiler avec les honneurs de la guerre.

La prise de Lérida mettait au pouvoir des Français 133 bouches à feu, 1 million 500 mille cartouches, 150 milliers de poudre, 10 mille fusils, 10 drapeaux et 7,748 prisonniers.

Ce brillant fait d'armes, qui donnait un nouvel éclat à la réputation du 3e corps de l'armée d'Espagne, révélait à la France que le général Suchet était désormais appelé à prendre un rang distingué parmi les capitaines les plus illustres de cette époque.

*
* *

Dévouement du soldat ROLLAND

AU CHATEAU D'ALCANIZ

Tandis que 3 bataillons du 114e prenaient part au siège de Lérida, un autre bataillon, sous les ordres du capitaine *Wikoski,* faisait une défense énergique dans le château d'Alcaniz.

Le marquis de Lazan, frère du général Palafox, et chef d'une de ces nombreuses bandes que le général Suchet n'avait pu complètement détruire, vint, au commencement de mai, mettre le siège devant le château. Désespérant d'y entrer, les Espagnols avaient creusé une galerie de mine dans le but de le faire sauter et d'ensevelir les défenseurs sous ses ruines.

Le péril était imminent.

N'écoutant que son courage, le soldat *Rolland* se fait attacher à une corde, prend dans ses bras une bombe dont on enflamme la mêche, et se fait descendre au milieu de la fusillade par une embrasure. Il atteint le sol, court à la mine, y jette la bombe, et est assez heureux pour se faire remonter sain et sauf. Un instant après, la bombe, faisant explosion, détruisait le travail des Espagnols et ensevelissait treize d'entre eux.

Rolland avait sauvé son bataillon. Cet action d'éclat lui valut la croix de la Légion d'honneur et la citation à l'ordre de l'armée d'Espagne.

*
* *

Siège et prise de Mequinenza
(8 juin 1810)

On n'avait pu occuper les forts de Lérida que dans la soirée du 14 mai, et, le 20 du même mois, cinq bataillons de la division Musnier, pris dans les 114, 121° de ligne et 1er de la Vistule, arrivaient déjà devant le fort de Mequinenza.

La ville de Mequinenza est située sur la rive droite de la Sègre, près de son confluent avec l'Ebre ; elle est adossée à un rocher de 200 mètres de haut, le Montenegro, qui sépare les deux rivières, et sur lequel est construit le fort qui domine la ville. Bien qu'aucune route n'y aboutisse, il était essentiel de s'emparer promptement de ce point qui fournissait aux Espagnols les moyens d'intercepter la navigation de l'Ebre, et, par conséquent, de rendre très-difficile sinon impossible le siège de Tortose.

Des officiers envoyés en reconnaissance avaient représenté la place comme inattaquable ; l'opération offrait, en effet, de sérieuses difficultés. En dix jours, le général Suchet fit pratiquer dans le roc un chemin pour l'artillerie. Dans la nuit du 2 au 3 juin la tranchée fut ouverte et les pièces ouvraient le feu.

Prévoyant que, dès que la brèche du fort serait accessible, l'ennemi tenterait de s'échapper par des barques, le général en chef fit attaquer la ville et s'en empara dans la nuit du 4 au 5.

Le 8 juin, au point du jour, seize pièces de canon, très-bien secondées par le feu des tirailleurs du 114° de ligne et du régiment de la Vistule, criblèrent le fort de projectiles. A dix heures du matin, l'ennemi, hors d'état d'opposer une plus longue résistance, arbora le drapeau blanc. La garnison défila devant la division Musnier et déposa ses armes sur le glacis.

1,500 hommes prisonniers, 45 bouches à feu, 400 mille cartouches, trente milliers de poudre, des vivres pour 2,000 hommes pendant trois mois furent trouvés dans le fort de Mequinenza.

CHAPITRE VIII

SUITE DE LA CAMPAGNE DE 1810

Siège et reddition de Tortose

(2 janvier 1811)

Dès le 29 mai, le major général écrivait au général Suchet :
« L'Empereur suppose que vous êtes maître de Mequinenza ; dès
lors, prenez toutes les mesures pour vous emparer de Tortose ;
le maréchal duc de Tarente se portera en même temps sur Tarragone..... »

En conséquence de cet ordre, et dans le courant de juin, le
commandant du 3° corps prit ses dispositions pour s'emparer de
Tortose.

La 1re division vint bloquer, sur la rive droite de l'Ebre, la tête
de pont qui couvrait la ville de ce côté. La 3° division fut placée
sur le bas-Ebre, pour assurer les approvisionnements, les trans-
ports d'artillerie et pour observer le camp retranché de Tarragone. Enfin, la 2° division se porta sur les frontières du royaume
de Valence, détachant la brigade Vergès, dont faisait partie le
114°, sur Daroca, Téruel et Catalayud, pour contenir le général
Villacampa et en même temps pour couvrir Saragosse.

La place de Tortose, par sa situation près de la grande route
et de l'embouchure de l'Ebre, servait de point d'appui et de lien
aux armées espagnoles de Valence et de Catalogne. Elle leur
offrait, de plus, le moyen d'agir sans s'éloigner de la mer, d'où
les Anglais leur fournissaient des secours. Les isoler, c'était les
affaiblir. Aussi, elles combinèrent avec persévérance leurs efforts
pour empêcher la chute de Tortose, et, à la faveur des circonstances, elles vinrent à bout de la retarder longtemps.

L'Ebre coule, près de ses embouchures, à travers des montagnes escarpées et arides ; le pays offre presque partout un aspect
triste et sauvage ; d'où la nécessité de tirer les approvisionnements des fertiles plaines d'Urgel. L'entrepôt principal de nos

munitions de guerre et de bouche devait être Mequinenza. De là
à Tortose, la communication existe par l'Ebre ; mais son cours,
dans plusieurs endroits, est entravé par des barrages, et souvent
on ne peut les franchir que pendant les crues. La communication
par terre était plus difficile encore dans cette région, qui offre
l'image d'un chaos de montagnes ; il fallut créer une route propre
aux opérations d'une armée : on retrouva les traces de celle que
le duc d'Orléans avait ouverte dans la guerre de la succession, et
le général Rogniat envoya des officiers du génie et des sapeurs
pour tracer et ouvrir cette voie de plus de vingt lieues, l'infanterie fournit journellement 1,000 à 1,200 travailleurs.

Deux bataillons du 114° prirent part à ces travaux. « Les soldats, déjà familiarisés avec ce genre d'occupation, s'y livraient
avec zèle, quittaient de temps en temps la pioche pour le fusil,
couraient après les ennemis, les dispersaient et revenaient gaî-
ment reprendre leur tâche... L'ardeur brûlante de l'été augmen-
tait la fatigue de nos soldats. Ils souffraient de la soif ; et, ce qui
n'était pas un tourment moins réel, quoique difficile à compren-
dre pour qui ne connaît pas les climats chauds, des nuées effroya-
bles de moucherons, multipliés par la stagnation de l'air ou de
l'eau dans certaines localités, fondaient sur eux, s'attachaient à
leurs membres, à leur figure, et les empêchaient presque d'agir,
de voir, de respirer. » (Mémoires du maréchal Suchet.)

Les deux autres bataillons du 114°, sous les ordres du général
Vergès, disséminés dans un certain nombre de petites places,
ainsi que nous l'avons dit plus haut, étaient chargés de protéger
le passage des courriers, d'assurer le gîte des isolés et des détachements, les fournitures de vivres et la rentrée des contributions.
Leur rôle n'était pas sans danger : « le 7 août, à las Cuevas, le
colonel Plicque, ramenant six mille moutons avec un détachement du 114° et du 4° de hussards, fut entouré et attaqué par
près de 4 mille hommes ; il soutint un combat opiniâtre, dans
lequel il perdit trois officiers et plusieurs soldats, et ne rentra
à Alcaniz qu'après s'être vu obligé d'abandonner son convoi. »
(Maréchal Suchet.)

Dès le mois d'août, le général Musnier avait reçu l'ordre de
laisser le général Pâris à Saragosse pour venir prendre le com-

mandement du corps d'observation à Uldecona. Le 114° l'y rejoignit au mois d'octobre. « Dans la nuit du 26 au 27 novembre, le général en chef des valenciens, Bassecourt, fit replier nos avant-postes, et arriva sur le camp d'un bataillon du 114° qui couvrait la ville. Nos soldats se précipitent hors de leurs baraques, se mettent en bataille dans un clin-d'œil, et sans autre direction que les cris des Espagnols, les arrêtent tout court par un feu des mieux nourris. Le colonel du régiment de la Reine, avec beaucoup d'autres, tombe blessé et reste abandonné des siens, qui reculent pour prendre position plus loin. Au même moment, le général Musnier, avec les généraux Boussard et Montmarie, faisait avancer les hussards et les cuirassiers, et le 114° Régiment de ligne..... Plus de 2,500 Espagnols furent faits prisonniers par la cavalerie ; le général Bassecourt chercha un asile dans Penicola. » (Maréchal Suchet.)

Nous n'avons pas à relater tous les évènements qui, en retardant la jonction du corps du maréchal Macdonald et du corps du général Suchet, repoussèrent au mois de décembre l'ouverture du siège de Tortose. Le 2 décembre, le maréchal Macdonald informa le général Suchet qu'il allait se mettre en marche avec 15 mille hommes sur le bas-Ebre ; le 13, le 7° corps était à Mora.

Après une longue attente, le général Suchet vit arriver le moment où son armée, réunie depuis six mois devant Tortose, pourrait en commencer le siège, et n'aurait plus besoin que de son courage pour conquérir un nouveau titre de gloire.

*
* *

Siège et reddition de Tortose

(15 décembre 1810—2 janvier 1811)

Après s'être concerté avec le duc de Tarente, le général Suchet qui avait déjà fait toutes ses dispositions préparatoires, porta son quartier général à Xerta. Le général Musnier fut laissé en observation à Uldecona, de crainte d'une diversion de l'armée valencienne ; le corps de Macdonald fut chargé de s'opposer aux tentatives de l'armée espagnole de Catalogne.

Le 14 décembre, le général Abbé, avec les 114° et 115° régiments, vint occuper les hauteurs de la Roqueta, sur la rive droite, en face de la tête de pont. Douze bataillons passés sur la rive gauche complétèrent, le 15 décembre, l'investissement de la place.

Les journées des 16, 17 et 18 se passèrent à établir les camps et à pousser des reconnaissances sur divers points.

Le 18, le général Suchet décida que l'attaque principale serait conduite sur le demi-bastion Saint-Pierre et que deux fausses attaques seraient organisées, l'une sur le plateau en face du fort d'Orléans, l'autre sur la rive droite devant la tête de pont.

Les travaux contre le fort d'Orléans commencèrent le 19, ceux contre le demi-bastion Saint-Pierre et contre la tête de pont furent ouverts le 20.

Le 22, l'ennemi fit une sortie par la tête de pont ; mais les réserves des 114ᵉ et 115ᵉ le continrent.

Effrayés de la rapidité menaçante de nos travaux, les Espagnols tentèrent tout ce qu'il est possible pour les retarder ; ils ne purent cependant empêcher que, dès la septième nuit, avant même l'établissement des batteries, le chemin couvert fût couronné : exemple unique peut-être dans l'histoire des sièges !

Le 29 décembre, à la pointe du jour, le moment si impatiemment attendu était enfin arrivé : les batteries, sur les deux rives, étaient achevées et armées, quarante-cinq bouches à feu ouvrirent le feu. « Le demi-bastion Saint-Pierre fut en peu d'heures réduit au silence, ainsi que la demi-lune ; le fort et l'avancée d'Orléans conservaient encore quelques pièces, et le bastion Saint-Jean une seule de flanc ; mais les embrasures des faces du demi-bastion et de la demi-lune étaient ruinées, et la brèche s'ouvrait à la courtine. Si nos batteries de la rive droite n'avaient pas été aussi solidement construites, elles auraient sans doute été écrasées par la réunion de tous les feux du Château, du quai et de la tête de pont ; mais elles résistèrent. » (Maréchal Suchet.)

Dans la nuit du 29 au 30, on fit un double couronnement du chemin couvert. Le 30, l'artillerie fit taire toutes les pièces du front d'attaque et la brèche commencée fut rendue praticable. Le 31, les brèches furent encore augmentées et nous nous établîmes dans la tête de pont que l'ennemi avait évacuée pendant la nuit.

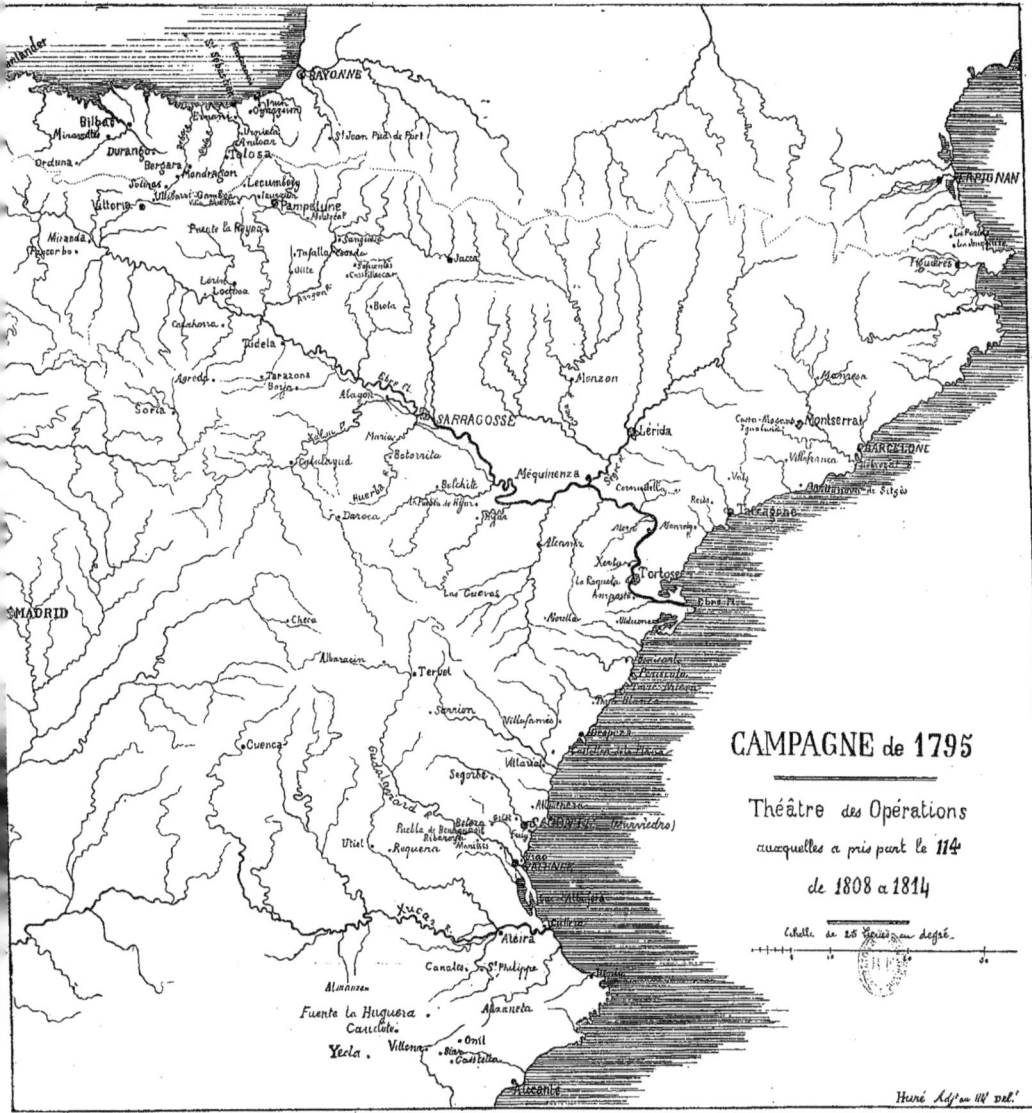

CAMPAGNE de 1795

Théâtre des Opérations

auxquelles a pris part le 114ᵉ

de 1808 à 1814

Échelle de 25 lieues au degré

Huré Adjᵗ au 114ᵉ delᵗ

Le 1er janvier 1811, à dix heures du matin, le drapeau blanc fut arboré. Les propositions de l'assiégé ayant été jugées inacceptables, le général en chef ordonna que le feu redoublât de toutes parts. Le 2 janvier, au moment où l'on allait mettre le feu à la mine et où les troupes se disposaient pour l'assaut, trois pavillons blancs flottèrent sur la ville et sur les forts.

« Sans faire mention d'un demi-blocus de six mois, Tortose avait soutenu dix-sept jours de siège, treize nuits de tranchée ouverte, et cinq jours de feu. » (Maréchal Suchet.)

182 bouches à feu, 150 milliers de poudre, 2 millions de cartouches, 11 mille fusils, 9 drapeaux et 9 mille 461 prisonniers tombèrent au pouvoir du vainqueur.

La chûte de Tortose fut un coup terrible pour les Espagnols. Ils comptaient que cette place, pourvue d'une bonne garnison et bien approvisionnée, tiendrait assez longtemps pour permettre aux armées de Catalogne et de Valence de la secourir et de faire lever le siège. Leurs espérances furent déçues par la vigueur et la rapidité de l'attaque des Français.

CHAPITRE IX

CAMPAGNE DE 1811

Tarragone. — Mont-Serrat. — Sagonte

Maître de l'importante place de Tortose, le général Suchet en confia le gouvernement au général Musnier avec mission d'en assurer la défense et d'y réunir un approvisionnement de siège pour 3 mille hommes pendant six mois. Le général en chef songeait déjà à faire de Tortose le pivot de ses opérations, soit contre Tarragone, soit contre Valence.

Le gouverneur de Tortose fut en outre chargé de menacer et d'observer avec sa division le pays de Valence en occupant les villes d'Albaracin, de Téruel, de Morella, de Tortose et d'Alcaniz.

Le 114° avec une partie du 121°, sous les ordres du général Abbé, fut envoyé à Téruel.

Les guérillas n'avaient pas désarmé. Le général Abbé était à peine installé à Téruel qu'il recevait du général Suchet l'ordre de seconder le général Pâris en débordant la position de Checa occupée par l'Empecinado, redoutable chef de bandes. Le 4 février, le général Abbé rejoignit le général Pâris qui lui laissa le soin de poursuivre l'Empecinado sur Cuença, d'où il chassa le général Carabajal et son état-major et où il détruisit un nombre d'armes considérable.

Mina, l'oncle et le successeur du jeune Mina que le 114° avait contribué à faire prendre un an auparavant, qui n'avait pu troubler les opérations du 3° corps depuis plusieurs mois, reparut en Aragon au commencement d'avril. Le général Suchet ordonna au général Chlopiski de se mettre à sa poursuite avec une colonne de 200 hussards et 1,000 grenadiers ou voltigeurs des 114° et 2° de la Vistule. Ce général aperçut Mina le 15 avril à Biota, le suivit dans la direction de Sofuentès et Castillescar, et le poussant toujours jusqu'à Coseda, le serra de si près que la troupe des Navarrais se dispersa en désastre, jetant armes et munitions, et s'éloigna de nos frontières fort affaiblie et découragée.

Ainsi, le 3° corps d'armée, après avoir pacifié l'Aragon et commencé la soumission de la basse Catalogne par la prise de Lérida et de Tortose, avait encore à lutter contre les partis dont il était entouré, en attendant que les opérations du siège de Tarragone pussent être entreprises.

* *

Siège et prise de Tarragone

(4 mai—28 juin 1811)

On se souvient que d'après les ordres de l'Empereur, du 29 mai 1810, le soin de s'emparer de Tarragone avait été réservé au maréchal duc de Tarente. Par décision du 10 mars 1811, le général Suchet fut chargé d'entreprendre le siège de cette importante place. Pour cette opération, Napoléon ajouta à son commandement celui d'une partie de l'armée de Catalogne qui, réunie au 3° corps, prit le nom d'armée d'Aragon. L'effectif de cette armée allait s'élever à plus de 40 mille hommes de toutes armes, dont la moitié seulement put être employée au siège, car le général Suchet avait besoin de garder ou de contenir des provinces entières.

Le général Musnier conserva le commandement de la rive droite de l'Ebre ; le général Abbé resta à Téruel avec cinq bataillons du 114° et du 121°, 300 cuirassiers et deux pièces de canon pour tenir tête aux Valenciens.

Le 4 mai, le général Suchet opéra l'investissement de Tarragone avec vingt-neuf bataillons et dix escadrons, formant un total de 20 mille hommes environ, y compris les troupes d'artillerie et du génie. Le 114° ne prit part à ce siège que dans la dernière période, nous n'avons donc pas à en exposer toutes les sanglantes péripéties ; mais nous devons montrer comment il y fut appelé.

Ayant appris que le général espagnol Campoverde qui commandait l'armée d'observation, engageait les armées de Valence et de Murcie à s'emparer de nos magasins de Mora, le général Suchet se décida, dans les premiers jours de juin, à faire venir le général Abbé sur le bas-Ebre, laissant au général Pâris le soin de couvrir seul, à Daroca, la rive droite de l'Ebre. Le général en chef se ménageait ainsi, suivant les circonstances, la possibilité d'appeler le général Abbé au siège de Tarragone.

Vers le 13 juin, le général Campoverde, menaçant à la fois les camps du siège et notre ligne de Mora, le général Suchet fit avancer le général Abbé avec sa brigade à Mora, d'où il se porta sur Cornudella et dans les montagnes de Pradès. « Un rassemblement considérable, dirigé par un officier supérieur de Campoverde, s'y établissait dans l'intention manifeste d'attaquer nos convois. Le général Abbé, avec son activité et sa vigueur ordinaires, l'attaqua, le battit, le dispersa, et fit le chef prisonnier avec bon nombre des siens. C'était un véritable service rendu à l'armée de siège. » (Maréchal Suchet.)

L'Olivo, le fort Francoli, la lunette du Prince avaient été pris d'assaut, et la résistance des Espagnols ne faisait que croître et s'irriter. Depuis le commencement du siège nous avions eu, en tués ou en blessés : « 1 général, 2 colonels, 15 chefs de bataillon, 19 officiers du génie, 13 d'artillerie, 140 soit de l'infanterie, soit de l'état-major, et, en tout, près de 2,500 hommes hors de combat..... ». (Maréchal Suchet) ; le général en chef, que l'avenir inquiétait quelquefois, résolu à vaincre en dépit de tous les obstacles, fit venir au siège la brigade Abbé, le 16 juin. « Tous les efforts, toutes les espérances, toutes les craintes, étaient concentrés sur Tarragone : c'était un défi à mort entre l'armée et la garnison. » (Maréchal Suchet.)

Le 21 juin, la ville basse fut prise d'assaut ; tous les efforts de l'attaque se concentrèrent alors sur la ville haute. Le 25 juin, le général Campoverde, à la tête de 14 mille hommes d'infanterie et de 2 mille cavaliers, s'étant approché pour faire lever le siège, le général Suchet, sûr de ses troupes quoique inférieures en nombre, marcha résolument à lui. Campoverde s'éloigna dans la direction de Villanova, perdant ainsi un temps précieux que le général en chef s'empressa de mettre à profit.

Le 27, le général Suchet fut informé que Campoverde se disposait à revenir plus en force et qu'une attaque générale et combinée pour faire lever le siège était fixée au 29. Il n'y avait plus un instant à perdre.

Le 28 juin, le feu fut ouvert de bonne heure sur le front d'attaque ; à midi le général en chef apprit que la brèche était bien commencée. « Les remparts étaient couverts d'Espagnols criant des injures, et provoquant nos soldats avec fureur. » (Maréchal Suchet.) La brèche s'élargit à vue d'œil ; les soldats impatients en contemplaient les progrès, dans le désir d'y monter bientôt.

Le général Suchet passa les soldats en revue dans la basse ville, il « parla à chacun presque individuellement, et les trouva tels qu'il pouvait les souhaiter, ardents, animés, confiants en leur chef que la fortune avait secondé jusqu'alors dans ses entreprises, et jaloux de s'illustrer par un exploit nouveau, à sa voix et sous ses yeux ». Tous les régiments se disputaient l'honneur d'être choisis ; le général en chef s'en tint à l'ordre de service. Seize compagnies d'élite, des 1er et 5e légers, 14e, 42e, 114e, 115e, 116e, 117e et 121e, et 1er de la Vistule, furent formées en trois colonnes.

« A cinq heures de l'après-midi le signal est donné, notre feu cesse et celui de l'ennemi redouble à la vue de nos braves qui

sortent de la tranchée, franchissent à la course un espace décou-
vert de soixante toises et s'élancent à la brèche. » A dix toises de
la muraille, la colonne, arrêtée par une ligne d'aloès, est obligée
de se détourner ; les Espagnols accourent, accablent l'assaillant
d'une grêle de projectiles de toutes sortes et le forcent à reculer.
La fortune semble hésiter un moment. Mais le général en chef
fait avancer une réserve, « les colonnes se rallient, la masse se
reforme, se pousse, arrive au sommet, et, comme un torrent
irrésistible, surmonte la brèche et inonde les remparts ». (Maréchal Suchet.) Les Espagnols résistent en désespérés ; une foule
de nos braves périssent, mais en tombant assurent enfin la victoire à leurs compagnons.

10 mille hommes, 20 drapeaux, 337 bouches à feu, 15 mille
fusils, 150 milliers de poudre, 40 mille boulets, 4 millions de
cartouches furent les trophées de ce siège mémorable.

*
* *

Mont-Serrat

(25 juillet 1811)

Après avoir laissé dans Tarragone les troupes nécessaires au
maintien de l'ordre dans la ville, le général Suchet s'inquiéta de
disperser l'armée de Campoverde. Précédé de deux divisions
d'infanterie, il se porta lui-même avec la brigade Abbé et la cavalerie du général Boussard sur Villanova de Sitgés, et réussit à
empêcher le rembarquement de l'armée espagnole qui s'enfuit
précipitamment dans la direction d'Igualada.

Au moment où le général en chef se disposait à s'emparer du
Mont-Serrat, où le général d'Erolès venait de s'établir, il trouva,
en arrivant à Reus le 20 juillet, un décret qui le nommait maréchal d'Empire en récompense de ses éminents services. A cet
envoi, était jointe une instruction qui ordonnait de démolir Tarragone en n'y conservant qu'un réduit, de prendre le Mont-Serrat
et de se préparer à marcher sur Valence avec l'armée d'Aragon.

Le Mont-Serrat « domine les principales routes et les hauteurs
du centre de la Catalogne. Sa masse imposante est d'un accès
difficile, baignée à l'est par le cours du Llobregat, et de tous les

côtés défendue par des escarpements, jusqu'à une très grande hauteur. Sur un plateau étroit et fort élevé, ouvert à la partie orientale, est situé le couvent de Notre-Dame, vaste et solide bâtiment qui, avec ses dépendances, forme une forteresse, où des troupes ayant des magasins peuvent se défendre longtemps et avantageusement. Au dessus, dans la région des nuages, le sommet du Mont est dentelé dans toute sa longueur et se couronne de pics ou de rochers en pyramides et en aiguilles, auxquels plusieurs ermitages sont adossés comme des nids d'hirondelles. Ses flancs et sa base, sillonnés de ravins, sont, dans beaucoup de parties, sans terre et sans végétation, décharnés et à nu, ce qui lui donne un aspect extraordinaire et l'a fait appeler un squelette de montagne. » (Maréchal Suchet.)

Depuis le commencement de la guerre, on l'avait choisi comme point d'appui pour les mouvements de l'armée catalane. Les moines du Mont-Serrat en avaient évacué les richesses et s'étaient réfugiés à Mayorque. Ils étaient remplacés par deux à trois mille soldats aux ordres du baron d'Erolès. Celui-ci avait établi sa défense par un retranchement à l'entrée même du couvent et par deux batteries avec des coupures dans le roc, le long du chemin qui serpente en descendant au nord de la montagne, entre un escarpement et un précipice. L'attaque ne pouvait s'effectuer que par ce côté. Un seul sentier difficile et étroit, dans la partie sud, avait été coupé par une batterie. De tous les autres côtés, les pentes étaient si escarpées et si roides, qu'on pouvait les regarder comme impraticables.

Le maréchal Suchet voulait enlever promptement la position, en évitant, s'il était possible, un combat meurtrier sur un terrain défavorable à l'assaillant : il dirigea ses dispositions en conséquence. Les brigades Montmarie, Frère et Harispe, furent chargées d'intercepter les routes de Colbato, d'Igualada et de Manresa ; la brigade Maurice Mathieu servit de réserve et l'attaque principale fut confiée au général Abbé. Celui-ci s'établit, le 24 juillet au soir, dans le poste de Casa-Masans, après en avoir chassé les Espagnols qui se replièrent sur leurs retranchements.

Le 25 au matin, le général Abbé, à la tête des 1er léger et 114e de ligne, et d'une batterie de trois bouches à feu, s'avança en colonne sur la route qui monte au couvent, suivi de quelques bataillons de l'armée de Catalogne, conduits par le général Maurice Mathieu ; le général en chef marchait avec cette réserve.

L'avant-garde ne rencontra d'abord que des obstacles naturels qu'elle franchit facilement ; mais à peine en vue de la première batterie, la colonne fut accueillie par des salves de mitraille qui la forcèrent à se réfugier dans un terrain hors de vue. Une compagnie de voltigeurs du 114° fut détachée à droite, pour s'élever à la faveur des anfranctuosités du rocher, vers les sommets de la montagne, de manière à plonger, en les tournant, dans les retranchements qui barraient la route. A travers mille obstacles, et avec une fatigue incroyable, cette poignée de braves parvint à gagner des points favorables, d'où, en s'abritant contre l'ennemi, ils commencèrent à incommoder les Espagnols dans la batterie même.

Le général Abbé lance alors, au pas de course, deux compagnies de grenadiers du 114°, sous les ordres du capitaine *Ronfort ;* c'est à peine si les canons de la batterie ont le temps de faire une décharge que les grenadiers sont au pied du retranchement ; accablés de rochers et de blocs de pierre, ils essaient vainement d'escalader les parapets. A cette vue, les voltigeurs gagnent encore du terrain et tirent à revers sur les canonniers à leurs pièces. « Le désordre se met parmi les Espagnols ; ils fuient épouvantés vers la seconde batterie ; les grenadiers entrent dans la première, et les poursuivent pêle-mêle. » Voyant le succès se décider, « les voltigeurs redoublent d'efforts et d'audace » ; les grenadiers, soutenus par un bataillon du 1er léger, s'élancent à la course et atteignent les fuyards. La deuxième batterie est enlevée comme la première ; les canonniers se font tuer sur place. Le chemin est ouvert jusqu'à l'entrée du couvent.

Le dernier retranchement de l'ennemi restait à prendre. Le maréchal Suchet, entendant une vive fusillade, présume que c'est l'attaque du général Montmarie qui a devancé l'attaque principale ; on s'élance avec une nouvelle ardeur ; « mais quelle fut notre surprise en arrivant, de trouver les Espagnols fuyant dans le plus grand désordre, et de voir les Français accourant de l'intérieur du couvent à leur poursuite, et nous ouvrant les barrières que nous nous disposions à enlever à la baïonnette ! » (Maréchal Suchet.) C'étaient les voltigeurs du 114ᵉ, appuyés de quelques hommes du 1ᵉʳ léger, qui avaient insensiblement gagné le sommet de la montagne et occupé quelques-uns des ermitages les plus rapprochés du couvent. De là, sans hésiter, avec l'intelligence et l'à-propos qui distinguent le soldat français dans l'action, ils avaient attaqué le couvent avec tout l'avantage d'une position dominante et d'une surprise, s'étaient emparés d'une porte et avaient pénétré dans l'enceinte même. La fusillade s'était continuée dans les cloîtres, les corridors et les galeries, jusqu'à l'arrivée de la colonne principale.

Forcés dans le couvent, menacés sur leurs derrières, les Espagnols s'enfuirent à travers les ravins et les précipices.

La prise du Mont-Serrat, suivant de près celle de Tarragone, produisit sur la Catalogne un grand effet moral.

*
* *

Siège et Bataille de Sagonte

Le général Abbé fut tout d'abord chargé du commandement du Mont-Serrat, mais le général en chef le dirigea peu de temps après par Villafranca sur Tortose où il rejoignit la division Musnier dont sa brigade faisait partie. C'est là que le général Robert fut mis à la tête des 114ᵉ de ligne et 1ᵉʳ de la Vistule formant la 1ʳᵉ brigade de la 1ʳᵉ division de l'armée d'Aragon.

A la fin du mois d'août, le maréchal Suchet reçut de l'empereur l'ordre impératif d'avoir installé son quartier général sur le territoire de Valence, et le plus près possible de cette ville, vers le 15 septembre.

Pressé par les ordres formels de l'empereur, le maréchal, après avoir laissé au général Musnier 6 à 7 mille hommes pour la sureté de l'Aragon, résolut de s'avancer, avec les 22 mille hommes qui lui restaient, jusqu'à Sagonte, située à quatre lieues de Valence, au point d'embranchement des routes de Tortose et de Téruel.

Le 15 septembre, l'armée d'Aragon se mit en mouvement sur trois colonnes et entra dans le royaume de Valence. Le général en chef marcha avec la colonne principale par la route de Tortose qui longe le bord de la mer ; cette colonne était formée de la cavalerie, de l'artillerie de campagne de toute l'armée, de la division Habert et de la réserve ou brigade Robert (114ᵉ).

Le 16, on atteignait Benicarlo, un bataillon du 114ᵉ y fut laissé avec 25 chevaux pour observer Péniscola ; le 19, la tête de la colonne passait à Torre-Blanca, et le maréchal se mettait en communication avec la colonne de Morella ; le 20, avant d'arriver à Castellón de la Plana, la colonne du général Harispe était également ralliée vers Villafamès. L'armée, ainsi réunie, marcha au devant de Blake.

Le 21, l'armée française occupa Villaréal, et le 23, tandis que s'opérait l'investissement du fort de Sagonte et l'occupation de Murviedro, la brigade de réserve Robert resta à Alménara.

Le général Blake était sur la rive droite du Guadalaviar avec son armée, forte d'environ 25 mille hommes. Le maréchal Suchet ne songea point à attaquer son adversaire dans une telle position : laisser derrière soi Sagonte avec plus de 3 mille hommes de garnison, pour aller combattre quelques lieues plus loin, eût été une témérité sans probabilité de succès. Il fallait donc se rendre maître de Sagonte.

L'attaque de ce fort offrait des difficultés qui paraissaient insurmontables par les moyens ordinaires. Le rocher très élevé et isolé de toutes parts dont ce fort couronne les sommets longs et étroits, tombe à pic sur presque tout son pourtour et ne présente des pentes un peu accessibles que du côté de l'ouest ; mais si les ressauts qui coupent cette pente pouvaient favoriser l'approche de l'infanterie, les travaux du génie et l'établissement des batteries étaient d'autant plus difficiles que le sol y est dépourvu de terre.

Espérant éviter un siège dangereux, à quatre lieues d'une armée de secours réunie et supérieure en nombre, le maréchal Suchet voulut tenter une surprise. Le mouvement fut fixé au 28 septembre, à trois heures du matin. Malgré l'intrépidité de nos colonnes d'attaque, la tentative échoua malheureusement. Les Espagnols parvinrent à briser les échelles. Massés au pied des remparts, nos soldats ne pouvaient se décider à redescendre en ville ; il fallut tous les efforts des officiers pour arriver à les faire rentrer au lever du jour.

En attendant l'arrivée des pièces de siège, le maréchal résolut alors de dégager son flanc droit. Le 30 septembre, la brigade Balathier, avec la brigade Robert comme réserve, se porta sur Segorbe et refoula l'ennemi dans les montagnes. Le 1er octobre, le général Harispe, suivi de la réserve du général Robert, rejeta au-delà du Guadalaviar une division espagnole qui s'était établie en bataille à la Puebla de Benaguasil, derrière un canal d'irrigation.

Le même jour, une colonne de 5 à 600 hommes sortit de Peniscola avec une pièce de canon et vint attaquer un poste du 114⁰ qui occupait une maison crènelée au point où le chemin de Peniscola rejoint la grande route de Tortose. Le commandant *Ronfort*, qui commandait le bataillon du 114⁰ laissé en observation, se porta aussitôt à la rencontre des Espagnols, les attaqua, leur prit 1 officier et 8 soldats, mais il ne put les empêcher de faire sauter la maison dont ils s'étaient emparés.

Le 10 octobre, le maréchal Suchet s'empara du fort d'Oropesa.

Le blocus de Sagonde n'était pas abandonné. Le 12 octobre, l'artillerie put commencer à mettre ses pièces en batterie. Le 17 au matin, dix bouches à feu battirent les murs en brèche, mais les anciennes constructions résistèrent aux boulets comme le plus dur rocher.

Le 18, le feu reprit avec plus de vigueur et le maréchal se détermina à donner l'assaut pour cinq heures du soir. Une colonne de 400 hommes d'élite des 5⁰ léger, 114⁰ et 117⁰ régiments, suivie de la division italienne, sort des abris où elle était formée, et court à la brèche aussi vite que la roideur de la pente peut le permettre. Les plus agiles de nos soldats « parviennent aux deux tiers de l'éboulement, qui en haut se rétrécissait dans un angle rentrant, à peine abordable par deux hommes de front, et se terminait par un escarpement vertical ; mais, manquant de base sur un plan aussi incliné, les pierres et la terre s'affaissent sous les pas des assaillants ; les coups de fusil, les grenades, les pierres, les sacs à terre les accablent. La colonne ne pouvait arriver que désunie et presque homme par homme. Les soldats à la queue commencent à tirailler et à flotter, tandis que la tête continue de s'avancer avec audace, et de s'élever péniblement vers le sommet de la brèche. Mais que pouvait tant d'héroïsme contre les baïonnettes et la mousqueterie à bout portant ? » (Maréchal Suchet.)

Enfin, sur l'ordre formel du maréchal, les troupes rentrèrent dans les tranchées avec cent trente blessés, parmi lesquels le chef de bataillon *Laplane* du 114°, et ayant perdu quarante-trois morts, dont plusieurs officiers.

Nos soldats avaient trop d'énergie pour se laisser abattre par deux tentatives infructueuses. Malgré les difficultés presqu'insurmontables d'un siège régulier, le maréchal Suchet fit reprendre les travaux d'approche et construire une nouvelle batterie. « Cependant les difficultés de l'attaque, la vigueur de la défense étaient pour le général français un grave sujet de réflexions. La chance qui lui offrait le plus d'espoir de reprendre ses avantages, c'était le cas où le général Blake viendrait pour secourir la place. » (Maréchal Suchet.)

* *

Le 24 octobre, le général anglais se présenta devant Sagonte ; le maréchal Suchet que la fortune n'avait décidément pas abandonné, n'hésita point à accepter le combat.

Blake avait formé ses 30 mille hommes en bataille, à moitié chemin entre Valence et Murviedro, son centre sur la grande route à la Chartreuse d'Ara-Christi, sa gauche au chemin qui conduit à Betera, et sa droite à la mer, appuyée par une flottille espagnole et par une corvette anglaise.

Ne voulant pas laisser à la garnison de Sagonte l'opinion que la bataille le forçait à interrompre le siège, le maréchal Suchet laissa devant le fort, outre les batteries, quatre bataillons italiens et deux du 117° ; et en vue, à peu de distance de là, son armée de 18 mille hommes, rangée en lignes, attendit tranquillement l'attaque de l'armée espagnole.

La plaine qui s'étend de Valence à Murviedro se resserre beaucoup, près de cette dernière ville, entre la mer et les hauteurs du Val-de-Jesu et de San-Espiritu. C'est là que le général français avait disposé ses troupes : la division Habert entre la route et la mer ; la division Harispe entre la route et les montagnes ; derrière elles, en seconde ligne, l'infanterie italienne ; et, en réserve, le

13° cuirassiers et le 24° dragons. A l'extrême droite : le général Chlopiski avec le 44° et le général Robert avec le 114° (à cheval sur la route de Naquera), le 1er de la Vistule et les dragons Napoléon, étaient placés à la gorge de San-Espiritu et avaient reçu l'ordre de défendre à outrance le défilé qui conduit de Betera à Gilet : « C'était un point de la plus grande importance : en le perdant, l'armée française eût perdu la bataille et probablement tout moyen de retraite ». (Maréchal Suchet.)

Le 25 au matin, le général Blake s'avança contre les lignes françaises, et refoula leur centre. Ce premier succès décida le général anglais à faire effort sur les deux ailes à la fois. Mais le maréchal Suchet avait déjà repris l'avantage au centre ; comptant sur le général Robert pour soutenir l'attaque dans la position où il était placé, le général en chef prescrivit à son aile gauche de contenir l'ennemi, fit avancer sa seconde ligne et les cuirassiers et coupa en deux par le milieu l'armée ennemie.

A l'aile droite, la brigade Robert avait justifié pleinement la confiance du maréchal en contenant et repoussant à plusieurs reprises la division Obispo.

Les Espagnols s'enfuirent en désordre et repassèrent le Guadalaviar laissant entre nos mains 4 mille 681 prisonniers, dont 2 généraux, 40 officiers supérieurs et 230 officiers, 4 drapeaux, 4 mille 200 fusils et 12 pièces de canon.

Notre perte s'éleva à cent vingt-huit morts et cinq cent quatre-vingt-seize blessés ; l'ennemi eut plus d'un milier d'hommes hors de combat.

L'armée française prit position à Puig, à Avalete et à Betera (114°).

*

Les progrès du siège n'avaient pas été ralentis ; pendant toute la durée de la bataille, l'artillerie avait agrandi la brèche sans que les défenseurs parussent s'en inquiéter. En voyant s'avancer l'armée qui devait les secourir, les soldats du fort poussaient des cris de joie et jetaient leurs schakos en l'air ; mais ce moment d'espoir avait été bien court. Le Maréchal résolut de profiter de l'abattement où l'issue de la bataille devait avoir jeté la garnison ;

il fit offrir au gouverneur une capitulation qu'il accepta et qui fut signée le 26 octobre, à neuf heures du soir.

2 mille 572 Espagnols défilèrent par la brêche ; nous trouvâmes dans le fort 17 bouches à feu, 6 drapeaux, 2 mille 400 fusils, 800 mille cartouches, 10 milliers de poudre, des vivres et des munitions.

CHAPITRE X

FIN DE LA CAMPAGNE DE 1811

Investissement de Valence. — Campagne de 1812

Maître de Sagonte, le maréchal Suchet voulut s'établir en présence de Blake et menacer Valence en attendant l'arrivée des renforts qu'il avait demandés.

Le général anglais avait rallié ses troupes derrière le Guadalaviar ; ayant réussi à compenser les pertes qu'il avait faites à la bataille de Sagonte, il disposait encore de 30 mille hommes qu'il avait établis et retranchés sur la rive droite du fleuve, sa gauche à Manissès, sa droite au Lazaret (El Lazareto).

Le maréchal Suchet était loin de pouvoir disposer de forces aussi importantes et il lui fallait passer le Guadalaviar devant l'armée ennemie, attaquer cette armée dans ses retranchements, la renfermer dans la place, investir une ville d'une grande étendue et en faire le siège.

Le 3 novembre, les deux armées étaient en présence l'une de l'autre, séparées seulement par le fleuve : la division Harispe à droite ; la division Habert, au faubourg de Serranos, poussant sa gauche jusqu'à la mer ; la brigade Robert, en réserve, cantonnée en seconde ligne avec la division Palombini et la cavalerie. C'est dans cette position que le général en chef prépara le passage du Guadalaviar et réunit à Murviedro tous les approvisionnements nécessaires au siège de Valence.

Torre-Nueva

La garnison de Peniscola tenta plusieurs fois de gêner nos communications en s'établissant dans une tour appelée Torre-Nueva et située sur la côte, à plus d'une demi-lieue, du côté de Valence. Elle en fut chassée chaque fois ; mais, au mois de décembre, un officier du génie réussit à s'y transporter avec une centaine d'hommes, dont quarante sapeurs. Le 7 décembre, au point du jour, le chef de bataillon *Ronfort*, du 114e, qui surveillait la place de Peniscola, combinant son mouvement avec le capitaine d'artillerie Bonafous, qui commandait la place de Torre-blanca, braqua deux pièces de huit sur la tour. La porte, qui était couverte par un parapet en terre, résista au feu des pièces. Déjà, plusieurs canonniers avaient été blessés et six chaloupes canonnières sorties de Peniscola s'avançaient au secours des Espagnols, lorsque le commandant *Ronfort* se porta avec ses grenadiers à vingt pas de la tour et ordonna un feu de mousqueterie des plus vifs ; en même temps, le lieutenant *Mabire* et quelques soldats se portèrent sous une grêle de pierres et de balles jusqu'à la porte de la tour et y placèrent un baril de poudre pour la faire sauter. La garnison, effrayée, se rendit et nos deux pièces firent prendre le large aux canonnières. La position fut abandonnée après qu'on eut fait sauter la tour avec la poudre qu'on y trouva.

Passage du Guadalaviar. — Investissement de Valence.

Le maréchal Suchet avait réuni à Murviedro un équipage de soixante bouches à feu, approvisionnées à sept cents coups, et trois millions de cartouches d'infanterie. Le 24 décembre, l'arrivée du général Reille, amenant sa division et celle du général Severoli, porta à 33 mille hommes environ l'effectif de l'armée d'Aragon. Le général Musnier avait également rejoint son général en chef, la sûreté de la Navarre et de l'Aragon avait été confiée au général Caffarelli.

Dans la nuit du 25 au 26 décembre, en face de Ribaroya, deux ponts de chevalets furent construits pour l'infanterie, et plus loin un pont de bateaux pour l'artillerie et la cavalerie. Deux cents voltigeurs, en croupe derrière les hussards, passèrent à gué pour protéger les travailleurs et éloigner les postes espagnols. Le général Harispe, avec sa division, franchit le premier les ponts ; la division Musnier (114º de ligne, 1ᵉʳ de la Vistule, 121ᵉ de ligne, 2º de la Vistule) et le général Boussard, avec la cavalerie, le suivirent. A huit heures du matin, les troupes étaient formées sur la rive droite.

Pendant que l'aile droite passait le fleuve et, par un grand mouvement, se portait sur la route de Murcie jusqu'au lac d'Albuféra pour couper à l'armée de Blake toute retraite vers les bords du Xucar, la division napolitaine, occupant le faubourg Serranos, contenait tout ce qui aurait tenté de sortir par les ponts, la division italienne attaquait les retranchements de Mislata, enfin, la division Habert se portait sur le Lazaret et le Mont Olivete.

Dans cette bataille, les 114º, 121º et 1ᵉʳ de la Vistule enlevèrent Manissès, Saint-Onofre et Quarte, et, par leur intervention, dégagèrent la division italienne aux prises avec le gros des troupes du général Blake.

A la nuit, l'investissement de Valence était entièrement achevé sur l'une et l'autre rive ; environ vingt mille hommes, les deux tiers de l'armée de Blake, y étaient enfermés.

Le résultat de la journée du 26 fut la prise de vingt-quatre pièces de canon, de quelques centaines de prisonniers et l'investissement d'une grande place renfermant une armée. Une seule division espagnole avait réussi à gagner le Xucar.

*
* *

Siège et capitulation de Valence

Pour assurer la rive gauche, qui était dégarnie depuis la bataille, les troupes de la division Musnier furent envoyées le 27 décembre au faubourg de Serranos ; le 114º campa à droite et à gauche de la grande route de Murviedro.

Le général Blake, dès qu'il se vit enfermé dans Valence, conçut le projet d'en sortir avec 15 mille hommes pour se jeter dans les montagnes et venir ensuite troubler les opérations du siège. Dans la nuit du 28 décembre, il passa le pont supérieur et s'avança sur la rive gauche. Son avant-garde culbuta nos premiers postes qui, en se repliant, donnèrent l'éveil à toute la ligne ; et, comme les Espagnols suivaient un chemin encaissé, bordé d'un canal, les compagnies d'élite du 114° et du 1er de la Vistule, accourues dans le village de Marchalènes, qui était crènelé et retranché, purent facilement arrêter le gros de la colonne lorsqu'il voulut déboucher ; à peine deux ou trois cents hommes, profitant de l'obscurité, purent gagner la montagne ; plus de quatre cents hommes furent tués ou noyés dans le canal.

Cette tentative échouée jeta le découragement dans la ville : dès le lendemain les déserteurs commencèrent à arriver dans nos camps en assez grand nombre.

L'attaque régulière de Valence commença immédiatement sur la rive droite. Les batteries furent établies, le camp retranché construit par Blake fut occupé le 5 janvier. Le bombardement commença dans la nuit du 5 au 6 et continua le 7 et le 8. Deux nouvelles batteries allaient ouvrir le feu pour faire brèche, lorsque deux officiers espagnols se présentèrent en parlementaires.

La capitulation fut signée le 9 janvier 1812 au matin.

Le 14 janvier, « le maréchal Suchet fit dans Valence une entrée triomphante, juste prix de combinaisons sagement conçues, fortement exécutées et heureusement secondées par les circonstances. La population accueillit avec calme, presque avec satisfaction, un chef dont l'Aragon vantait le bon gouvernement, et ne fut pas fâchée de voir finir une guerre affreuse, qui, dans l'ignorance où l'on était alors de l'avenir, ne semblait plus présenter d'avantage que pour les Anglais, aussi odieux aux Espagnols que les Français eux-mêmes. » (Thiers.)

La prise de Valence mit en notre pouvoir 18 mille 219 prisonniers, parmi lesquels 898 officiers, 23 généraux, et à leur tête le capitaine-général Blake ; en outre 21 drapeaux, 2 mille chevaux, 393 pièces de canon, 42 mille fusils, 180 milliers de poudre, etc.

L'Empereur nomma le maréchal Suchet duc d'Albuféra.

***

Siège et prise de Peniscola
(20 janvier—4 février 1812)

Après une suite de brillants faits d'armes, l'armée d'Aragon était parvenue à s'étendre des frontières des Pyrénées jusqu'aux portes d'Alicante, et il ne restait plus au maréchal Suchet qu'à soumettre Péniscola pour être entièrement maître de tout cet espace.

Le siège de ce fort présentait de grandes difficultés. Bâti sur un rocher isolé et de toutes parts environné par la mer, Peniscola ne tient au continent que par une langue de terre de cinquante mètres de largeur et de deux cents mètres de longueur. La ville est fermée de tous côtés par de bons ouvrages et dominée par un château fort. Ce petit Gibraltar, ainsi nommé par les soldats, pouvait en quelque sorte être regardé comme inattaquable par les moyens ordinaires.

Le 20 janvier, le général Severoli s'établit devant la place avec deux bataillons du 1er italien, deux du 114e et un de la Vistule. Après un examen attentif, il fut résolu de commencer les approches, en les faisant précéder d'une sommation et d'un bombardement. Les propositions furent rejetées.

Les troupes étaient réparties sur les hauteurs et sur la plage environnantes, les Italiens à droite, le bataillon de la Vistule au centre, et le chef de bataillon *Ronfort* avec le 114e à la gauche, entre l'inondation et le rivage. Une batterie de mortiers fut établie derrière un mamelon, à près de douze cents mètres du fort. Le 28 janvier, les mortiers lancèrent des bombes sur la place. Dans la nuit du 31 janvier au 1er février, la parallèle fut ouverte. Du 2 au 3 février, on poussa les cheminements pendant que le bombardement continuait et les batteries furent achevées, armées de pièces de gros calibre et mises en état de contrebattre la place.

Sur l'invitation du général en chef, le général Severoli fit de nouvelles offres au général Garcia Navarro, qui rendit la forteresse à la condition que la garnison se retirerait où elle voudrait. Le 4 février, nous prîmes possession de Peniscola, où nous trouvâmes 74 bouches à feu.

Le commandant *Ronfort*, du 114e, fut cité dans le rapport du général Severoli pour sa belle conduite,

6

Le pays de Valence était entièrement soumis, la route de Tortose était libre.

* *

Suite de la campagne de 1812

Après la capitulation de Valence, les deux bataillons du 114° qui n'étaient pas détachés devant Peniscola avaient suivi la 1re division, que le général en chef dirigeait sur Tortose, avec ordre de marcher sur Tarragone pour ravitailler et secourir cette place, menacée par les Anglais et par les Espagnols. Le 26 janvier, le général Musnier fit entrer dans Tarragone un approvisionnement considérable.

Après la prise de Peniscola, les troupes du général Severoli, ayant été dirigées sur l'Ebre, les deux bataillons du 114° rejoignirent le Régiment.

A cette époque l'Empereur, qui préparait son expédition de Russie, fit venir à lui tous les régiments polonais ; la division Reille et les troupes italiennes furent retirées de l'armée d'Aragon pour assurer la sécurité de la Catalogne, en sorte que le maréchal Suchet n'eut plus qu'une quinzaine de mille hommes pour garder le pays de Valence. Obligé de prendre une position purement défensive, il laissa dans les places le nombre de soldats nécessaires pour les garder, environ 4,000 hommes, et concentra les 11,000 hommes qui restaient disponibles en avant du Xucar, occupant les cols d'Adzaneta et d'Almanza ; le 114° fut placé à Canalès et à Saint-Philippe.

Le duc d'Albuféra devait pourvoir à tout ; tandis que ses forces diminuaient, les armées anglaises et espagnoles recevaient de nouveaux renforts et de tous côtés la résistance se ranimait.

Dans la journée du 21 juillet, la flotte sortie d'Alicante s'était montrée en vue de Cullera. Elle s'approcha assez des forts de la côte pour être canonnée. Le maréchal fit porter le 14° de ligne d'Alcira sur Cullera, et donna ordre au 4° hussards, avec l'artillerie légère et partie du 1er léger et du 114°, de se porter rapidement sur le point menacé. Sur le soir, le vent contraire força la flotte de gagner le large. Le 22, elle était dispersée, mais en vue on passa la journée à l'observer et à faire les dispositions pour repousser un débarquement.

Ce mouvement et d'autres qui furent entrepris sur les flancs et sur les derrières de l'armée n'avaient d'autre but que de diviser nos forces et de les occuper au loin pendant qu'une attaque de front était dirigée contre la division placée en première ligne vers Alicante ; le général Delort remporta sur le général O'Donnell un succès important à Castalla, le 21 juillet.

Dès les premiers jours d'août, une division anglo-sicilienne de 10 mille hommes ayant débarqué à Alicante, le maréchal Suchet concentra ses divisions autour de Saint-Philippe. Le 23, il porta la division Harispe vers Almanza pour faciliter la marche du roi Joseph, qui avait dû évacuer Madrid, sur Valence. Le 25, la jonction fut opérée. Le même jour, près d'Utiel, l'intrépide chef de bataillon *Ronfort* se fit jour à travers les lignes ennemies et rejoignit le général Maupoint qui s'était laissé surprendre par Villacampa.

Ainsi renforcé par l'arrivée des douze mille hommes que lui avait amenés le roi Joseph, le duc d'Albuféra reporta ses troupes en avant vers le Xucar.

Dans les premiers jours d'octobre l'armée du midi opéra sa jonction avec l'armée d'Aragon ; quelques jours après les deux armées du midi et du centre marchèrent sur Madrid avec le roi Joseph. Le maréchal Suchet, de nouveau réduit à ses propres forces, resta en avant du Xucar avec ses trois divisions, la première à Canalès et Saint-Philippe. Pendant quatre-vingts jours l'armée d'Aragon fut sans nouvelles de l'armée du centre ; elle sut seulement, par voie indirecte, que le roi était rentré dans Madrid.

Cependant le pays de Valence, de même que la Catalogne et l'Aragon, était loin d'être tranquille ; des bandes de guérillas s'étaient reformées et inquiétaient sans cesse nos troupes et nos convois. « Aux portes mêmes de Valence, pour ainsi dire, nous étions inquiétés par Frayle dans nos communications entre Sagonte et Tortose. Ce chef de bande ayant attaqué sur la grande route un convoi d'artillerie parti de Torre-Blanca, mit en fuite les paysans conducteurs, tua les canonniers, prit une pièce de quatre et 112 chevaux, brûla 11 voitures et dispersa tout le convoi. Le maréchal forma une colonne mobile pour le poursuivre sans relâche et en donna le commandement au chef de bataillon *Ronfort*, du 114e. Plusieurs fois la bande fut dispersée, mais il fut impossible de la désorganiser complètement. » (Maréchal Suchet.)

En décembre, les Espagnols se renforcèrent de divers corps ; le maréchal concentra ses troupes en les rapprochant du Xucar ; il était aisé de prévoir qu'une lutte nouvelle et plus redoutable allait s'ouvrir dans quelques mois, quand le printemps donnerait le signal de la reprise des hostilités.

CHAPITRE XI

CAMPAGNES DE 1813 ET DE 1814

Combats d'Yecla (11 avril), **de Villena et de Biar** (12 avril), **de Castalla** (13 avril)

Au commencement de 1813, le général John Murray avait pris le commandement de l'armée anglo-sicilienne, et les 2e et 3e armées espagnoles étaient passées sous les ordres du général Elio et du duc del Parque.

Le maréchal Suchet ayant appris que dans le plan d'attaque formé par Wellington, entrait la combinaison de faire vivement presser son armée de front et de flanc, résolut de ne pas attendre que les forces qui le menaçaient fussent réunies. Dans les premiers jours d'avril, une division espagnole du corps d'Elio vint se placer à Yecla, à portée de Fuente-la-Higuera, que nous occupions en avant-garde et assez distante de l'avant-garde ennemie établie à Villena. Le maréchal espéra pouvoir enlever cette division. Il réunit l'élite de ses forces dans la nuit du 10 avril, à Fuente-la-Higuera, et marcha sur Villena, tandis que le général Harispe se portait de nuit sur Yecla par une marche rapide. Arrivé à la pointe du jour en présence des Espagnols, ce général lança son

avant-garde d'abord, puis toute sa division, rompit la ligne ennemie et fit 1,200 prisonniers, dont 68 officiers.

Pendant ce temps, le maréchal occupait Caudète avec 10 bataillons, 10 bouches à feu et les cuirassiers, prêt à attaquer les forces
qui, de Villena, chercheraient à se porter au secours d'Yecla. En
effet, les généraux Murray et Elio firent avancer une partie de
leurs troupes en avant de Villena ; mais, sans accepter le combat,
ils donnèrent l'ordre de la retraite, laissant un bataillon dans le
château. Le duc d'Albuféra pénétra dans la ville, fit investir le
château et, le lendemain 11 avril, fit sommer la garnison de se
rendre. Elle capitula, et 1,000 hommes de belles troupes furent
prisonniers de guerre.

Le général en chef se mit aussitôt à la poursuite des Anglais
qui avaient pris position au défilé de Biar. Leur ligne, commandée
par Frédéric Adam, garnissait des hauteurs d'un accès difficile,
ayant de l'artillerie dans les intervalles. Le général Robert, avec
les 114ᵉ et 121ᵉ d'infanterie, attaqua le centre de la ligne ennemie
tandis que 500 voltigeurs en tournaient la gauche par les hauteurs. Les Anglais commencèrent leur retraite en bon ordre ;
mais, serrés de près par la cavalerie, chaque fois qu'ils prirent
position, ils furent de nouveau débordés et attaqués ; à la nuit ils
hâtèrent leur mouvement pour rentrer à Castalla, laissant en
notre pouvoir une centaine de prisonniers et deux bouches à feu.
Nous campâmes à l'issue du défilé.

Le 13 au matin, l'armée anglo-espagnole, tenant toujours Castalla, occupait en avant une montagne qui nous empêchait de
voir ses coups et de juger de ses forces. Le maréchal envoya sa
cavalerie à gauche, vers Onil, pour explorer la plaine et détacha
par sa droite, sous les ordres du colonel *Arbod* du 114ᵉ, 600 voltigeurs qui devaient prendre à revers la gauche des ennemis sur
la montagne. Le colonel *Arbod* rencontra une vive résistance et
fut tué. Quatre bataillons, conduits par le général Robert, mon-
tèrent alors pour dégager les voltigeurs ; mais ces bataillons atti-
rèrent tellement sur eux l'effort de l'ennemi, que bientôt ils se
virent contraints d'abandonner un terrain sur lequel ils n'avaient
gravi qu'avec la plus grande difficulté, et de redescendre la
montagne, laissant un grand nombre de blessés et de morts.

Les capitaines *Bruges* et *Frault*, du 114°, furent grièvement blessés.

Le maréchal rallia les deux colonnes et sa cavalerie, et, dans une position formidable au débouché du défilé, attendit de pied ferme l'armée anglaise. Le général Murray déboucha de Castalla et fit mine d'attaquer ; mais la contenance des troupes et le feu de notre artillerie le firent renoncer à ce projet. A la nuit, l'armée ennemie rentra dans ses positions, laissant entre nos mains plus de 2 mille prisonniers·

Nous avions perdu dans ces trois journées environ 800 hommes, dont le colonel du 114°. Le commandement du Régiment fut exercé par le commandant *Roussel* jusqu'au 2 juillet suivant.

* *

Suite de l'année 1813

Année 1814

Dans le courant de mai, des préparatifs d'embarquement eurent lieu à Alicante. Le 31 mai, la flotte mit à la voile ; elle passa en vue de Valence, se dirigeant vers le nord. Le 2 juin, elle parut devant Tarragone. Le 3, 16 mille hommes débarquèrent en plein jour et investirent Tarragone. La place était défendue par le général Bertoletti, décidé à faire une défense énergique et convaincu que le maréchal Suchet ne le laisserait pas sans secours. En effet, le maréchal, cédant au général Harispe le commandement des troupes sur le Xucar, dirigeait sur Tortose à marches forcées la division Musnier, la réserve et la brigade de cavalerie d'Aigremont. Le 12 juin, il couronnait la cîme des montagnes de Monroig, tandis que le général Maurice-Mathieu, venu de Barcelone avec une colonne de 8 mille hommes, égale à peu près à celle du maréchal, atteignait Villafranca. Le général John Murray, menacé sur son point de débarquement, prit la résolution d'abandonner son artillerie ; plutôt que de compromettre ses troupes, il leva le siège et les rembarqua.

Appelé depuis plusieurs jours par le général Harispe, dont la position était critique, et voulant empêcher un nouveau débarquement de l'armée anglaise qui avait fait voile vers le Sud, le maréchal Suchet se rendit en deux jours de Tortose à Valence.

Le duc d'Albuféra songeait à reprendre et à étendre ses avantages sur l'armée anglo-espagnole d'Alicante, qui s'était avancée jusque sur le Xucar. Il envoya le général Musnier occuper Requena, où le général Elio s'était établi, et repousser du haut Guadalaviar le général Villacampa. Mais au moment où il s'y attendait le moins, il reçut l'avis de la bataille livrée le 21 juin à Vittoria, à la suite de laquelle l'armée principale, commandée par le roi Joseph, avait été rejetée au-delà des Pyrénées sur Bayonne. Cet évènement changeait tellement la position du maréchal, qu'il se vit contraint d'évacuer immédiatement le pays de Valence. Il se mit toutefois en mesure de conserver le plus qu'il pourrait ses conquêtes.

Le maréchal prit la détermination de se retirer sur l'Ebre, afin de pouvoir, quels que fussent les évènements, couvrir une frontière imposante de la France. Dans le cas d'un retour offensif, Tortose devait être notre point de départ, et Sagonte nous offrait en avant de l'Ebre un point d'appui avantageux. Ce fort, où l'on avait fait des travaux considérables, depuis plus de dix-huit mois que nous l'occupions, était dans un état complet de défense. Une garnison de douze cents hommes, dont le 3° bataillon du 114°, approvisionnée pour un an, y fut placée sous le commandement du général Rouelle.

Le maréchal fit également occuper les forts de Denia, de Peniscola et de Morella. Quant à Tortose, sa force et sa situation lui destinant une grande importance, il y laissa une garnison de 4 mille 500 hommes, dont quatre compagnies du 4° bataillon du 114°, et pour gouverneur un homme ferme et prudent, capable de seconder ses opérations futures : le général de brigade Robert, dont il avait déjà souvent reconnu les talents et la capacité. Son commandement devait éventuellement embrasser celui des places et des troupes plus éloignées, et reçut en conséquence la dénomination de division du Bas-Ebre.

Deux autres compagnies du 4° bataillon du 114° furent envoyées à Pampelune.

Bientôt le maréchal apprit que Saragosse était tombée au pou-

voir de Mina ; la perte de l'Aragon était pour lui un mal irrépa-
rable ; il ne lui était plus possible de tenir en avant de l'Ebre. Du
14 au 15 juillet, l'armée passa le fleuve à Mequinenza, Mora et
Tortose ; les 1ᵉʳ et 2ᵉ bataillons du 114ᵉ, sous les ordres de leur
nouveau chef, le colonel *Durand*, suivirent le général en chef
dans sa retraite.

Le duc d'Albuféra gagna Reus, Valls et Tarragone, où il laissa
le général Bertoletti, et concentra son armée dans la plaine de
Villafranca, pour vivre des ressources du pays, sans s'éloigner de
Tarragone et en restant à portée de Barcelone.

Lorsque les ressources de la plaine de Villafranca furent épuisées, vers le 18 août, l'armée prit position sur la ligne du Llobré-
gat ; le général en chef conservait ainsi la communication avec
Lérida et couvrait la place de Barcelone en même temps que la
route de Perpignan.

Au mois de novembre 1813, par suite de la réunion de l'armée
de Catalogne à l'armée d'Aragon, le maréchal Suchet se trouva
avoir sous son commandement environ 32 mille hommes ; les
deux bataillons du 114ᵉ comptaient 1,274 présents. Mais presque
aussitôt, près de 10 mille hommes lui furent enlevés : les Italiens
allèrent défendre leur patrie, les troupes allemandes, en vertu
d'un décret de l'empereur, furent désarmées ; enfin, chaque
régiment dut envoyer 120 hommes dans les dépôts du midi de la
France pour former le cadre d'un 6ᵉ bataillon, recevoir, armer,
habiller 8 mille conscrits destinés à être organisés en divisions
de réserve ; ces divisions de réserve ne rejoignirent point et ce
fut plus de 2 mille hommes d'élite perdus pour l'armée.

Le 6ᵉ bataillon du 114ᵉ fut organisé à Narbonne ; il comprenait
quatre compagnies du centre, une de grenadiers, une de voltigeurs.

Le 1ᵉʳ janvier 1814 fut marqué par le passage du Rhin et l'invasion des armées alliées sur toutes les frontières de l'Empire.
Le maréchal Suchet comprit qu'il n'y avait plus de renforts à
attendre, ni d'opérations offensives à préparer. Sauver, s'il était
possible, les garnisons, conserver son armée, contribuer à la
défense du territoire, telle était désormais sa tâche et sa seule
pensée. Il envoya des instructions aux gouverneurs des places ou

forts, et se sépara du général Habert, qu'il laissa dans Barcelone. Le 10 janvier, il reçut l'ordre de réunir sa cavalerie sur les frontières des Pyrénées, de la diriger sans retard sur Lyon, avec son artillerie et la moitié de son infanterie. 10 mille hommes quittèrent l'armée le 14 janvier.

Le maréchal prit toutes les dispositions pour assurer sa retraite sur Figuères et Perpignan ; mais il ne voulut point encore s'éloigner de Barcelone : il y resta jusqu'à la fin du mois et ne partit que le 1er février. Les deux bataillons du 114e allèrent à la Jonquière et au Pertus. La bataille de Toulouse (10 avril), détermina la retraite de l'armée sur Narbonne le 12 avril, date où le maréchal en fut informé. Ce fut là que, le 13 avril, il reçut de Paris la communication des évènements qui venaient de renverser l'Empire, de terminer la guerre et de remettre les Bourbons sur le trône.

Quelques jours après, au commencement de mai, le maréchal Suchet fut placé à la tête des armées des Pyrénées et d'Aragon, réunies sous le nom d'armée du Midi, dont il prépara le licenciement.

* *

Détachements du 114e laissés dans les places
(1813—1814)

Sagonte. Le 3e bataillon tout entier avait été laissé dans le fort de Sagonte. L'armée française s'était à peine éloignée, que lord Bentinck et le duc d'El Parque détachèrent un corps de 3 mille hommes, non pour faire un siège régulier, mais pour bloquer le fort et inquiéter la garnison. Deux officiers du 114e se firent particulièrement remarquer dans les nombreuses sorties tentées par cette petite troupe :

Le 24 octobre 1813, le capitaine *Ferry* reçut l'ordre d'aller avec 20 hommes surprendre un poste fortement retranché : à deux heures du matin, il attaqua à la baïonnette, et, sans tirer un coup de fusil, mit hors de combat une trentaine d'Espagnols et ramena 20 prisonniers.

Quelques jours plus tard, le capitaine de voltigeurs *Rousseau*, à la tête de 100 hommes, traversa le camp ennemi, détermina une panique dans tout un régiment espagnol et fit plusieurs prisonniers.

La convention militaire conclue le 23 avril 1814 vint délivrer la garnison de Sagonte, qui quitta le fort dans les derniers jours de mai et arriva par étapes au Boulou le 8 juin 1814.

Cette convention portait que les places occupées par les troupes françaises en Espagne seraient évacuées, que leurs garnisons sortiraient avec armes, bagages, propriétés particulières et trois pièces de canon par chaque millier d'hommes, blessés et malades compris.

Pampelune. — Les 2ᵉ et 3ᵉ compagnies du 4ᵉ bataillon avaient été laissées au château de Pampelune. La garnison, faible et sans approvisionnements, ne put longtemps résister. Le 13 octobre 1813, ayant épuisé ses dernières ressources, elle se vit obligée de capituler et fut emmenée en Angleterre d'où elle ne revint que le 16 août 1814.

Tortose. — Les grenadiers, les voltigeurs, les 1ʳᵉ et 4ᵉ compagnies du 4ᵉ bataillon, sous les ordres du commandant *Petit d'Hauterive*, étaient restés dans Tortose ; ils furent placés dans la 1ʳᵉ brigade, commandée par le colonel Pochet, de la division du Bas-Ebre.

Le général Elio, à la tête de 12 mille hommes, était venu occuper une forte position à quelque distance de la ville. Le 5 août, le général Robert ayant appris que l'ennemi réunissait à Amposta un certain nombre de bâtiments pour passer le fleuve, résolut de les détruire. Le colonel Pochet, à la tête de sa brigade, se porta rapidement sur ce village, enleva les différents postes qui le gardaient et mit le feu à quinze grandes barques, deux équipages de pont et à un navire anglais monté par 40 hommes et armé de 2 caronades de vingt-quatre. Le commandant du port, une centaine d'Espagnols furent ramenés prisonniers.

Le 19 août, une division espagnole devant s'embarquer, le général Robert se décida à l'inquiéter pendant cette opération toujours dangereuse. A trois heures du matin, le colonel Pochet quitta Tortose avec sa brigade et surprit l'ennemi à la tour de

Saint-Onofre; le bataillon du 114°, qui était d'avant-garde, attaqua vigoureusement. Les Espagnols, culbutés, fuyaient vers le fleuve et allaient être noyés, lorsque le général duc del Parque fit rapidement débarquer de nombreuses troupes. L'ennemi, dans cette affaire, eut 800 hommes hors de combat; notre perte, en tués et blessés, fut de 182 hommes, dont le brave capitaine *Laloge*, du 114°, qui reçut une blessure mortelle.

Le 15 octobre, le général Elio veut prendre position dans les faubourgs de Jésus et de las Roquetas. Le bataillon du 114°, qui occupait de ce coté des postes extérieurs bien fortifiés, arrêta quelque temps les efforts de l'ennemi et permit au général Robert de prendre ses dispositions. Sortant avec la 2° brigade et quatre bouches à feu, le général attaqua les Espagnols en flanc et les repoussa; le feu meurtrier de notre artillerie leur fit éprouver une perte considérable, 600 tués ou blessés; nous n'avions, de notre côté, que 2 tués et 34 blessés.

Les sorties continuelles de la garnison, tout en maintenant les soldats dans un état d'activité favorable, procuraient l'avantage de faire entrer dans la place des légumes frais, des fourrages et du grain. Les évènements qui se passaient en France ne permettant d'espérer aucun secours, la ration avait été réduite, dès le début du siège, à seize onces de pain, deux onces de thon ou de morue et trois onces de légumes. La ville, qui n'était approvisionnée que pour six mois, put ainsi tenir plus de dix mois.

Au mois de février 1814, le général Robert reçut, comme les commandants des places de Lérida, de Monzon et de Mequinenza, des lettres du maréchal Suchet simulées par le traître Vanhalen; mais, moins crédule que ceux-ci, le commandant de la division du Bas-Ebre proposa une entrevue que les généraux espagnols regardèrent comme une épreuve dangereuse pour l'officier transfuge (1), qui s'empressa de s'éloigner.

A la signature de la paix, la garnison de Tortose se rendit par étapes à Perpignan; partie le 17 mai, elle arriva dans cette ville le 31 du même mois.

(1) C'était un officier espagnol qui avait pris du service à l'état-major du maréchal Suchet et qui venait de déserter.

5º *et* 6º *bataillons*. — Le 5º bataillon, composé de quatre compagnies, resta au dépôt à Mont-de-Marsan pendant toute la campagne d'Espagne. Le 24 novembre 1813, il partit pour Toulouse, et, le 6 avril 1814, fut envoyé à Narbonne, où il vint rejoindre le 6º bataillon, qui n'était qu'en partie organisé.

CHAPITRE XII

DISLOCATION DU 114ᵉ RÉGIMENT D'INFANTERIE DE LIGNE

L'ordonnance royale du 12 mai 1814 réduisait le nombre des régiments d'infanterie de ligne à 90 et celui des régiments d'infanterie légère à 15. Les 90 régiments de ligne furent les 111 premiers régiments de l'Empire, qui prirent, suivant leur rang, les numéros de la série naturelle, comblant ainsi les vides qui y existaient. Les régiments portant les numéros 112 à 156 furent incorporés dans les autres.

C'est ainsi que :

Le 1ᵉʳ bataillon du 114ᵉ fut incorporé au 5º de ligne le 29 juillet 1814 ;

Le 2º fut incorporé au 10º de ligne le 1ᵉʳ septembre 1814 ;

Le 3º fut incorporé au 41º de ligne le 1ᵉʳ octobre 1814 ;

Le 4º fut incorporé au 11º de ligne le 20 juillet 1814 ;

Les 5º et 6º furent incorporés au 56º de ligne, le 1ᵉʳ septembre 1814.

* *

En six années, le 114ᵉ avait assisté à plus de 30 batailles ou combats importants, coopéré à 11 sièges et donné 7 assauts ; 12 officiers ou soldats avaient été cités à l'ordre de l'armée d'Espagne, et combien l'avaient mérité de ceux qui étaient morts sur la brèche ? A Lérida, à Mequinenza, à Uldecona, à Tortose, à Tarragone, au Mont-Serrat, au siège comme à la bataille de

Sagonte, à Valence, à Peniscola, à Castalla, partout en un mot, le
114° justifia la confiance que le maréchal Suchet avait mise en
lui dès le premier jour et qu'il ne cessa de lui témoigner jusqu'au
dernier. Des quatre noms qui flottent aujourd'hui dans les plis de
son drapeau : *Saragosse*, *Mont-Serrat*, *Lérida*, *Sagonte*, la pos-
térité doit se demander lequel lui fait le plus d'honneur.

NOMS ET ÉTATS DES SERVICES

des Colonels du 114° Régiment d'infanterie de ligne

(23 janvier 1809—13 avril 1813)

ARBOD (Jean-Pierre). — Né le 8 févrer 1767, à Valence (Drôme) ;
engagé volontaire au régiment de Royal-Champagne (2 septembre
1784—16 octobre 1789). Enrôlé volontaire le 5 août 1792 au
6° Bataillon de la Drôme, nommé capitaine le jour même de son
enrôlement. Chef de bataillon surnuméraire le 18 nivôse an VII
(7 janvier 1799) et titulaire le 28 fructidor an X (4 septembre 1802).
Chevalier de la Légion d'honneur le 25 prairial an XII. Major du
17° de ligne le 6 avril 1808. Colonel du 114° le 23 janvier 1809.
Officier de la Légion d'honneur le 28 août 1810. Tué au combat
de Castalla le 13 avril 1813.

Campagnes. — Ans II, III, IV et V, armées du Rhin et Moselle,
et du Rhin. — Ans VI et VII, armées d'Allemagne, d'Italie et de
Naples. — Prisonnier de guerre à la bataille de la Trébia le
1er messidor an VII et rendu le 9 ventôse an IX. — Ans X et XI,
armée de Zélande. — An XIV, grande armée en Autriche et Prusse.
— 1809 à 1813, 3° corps de l'armée d'Espagne et armée d'Aragon.

(2 juillet 1813—29 juillet 1814)

DURAND (Pierre). — Né à Craon (Mayenne), le 22 avril 1773.
Soldat au 35° régiment (ci-devant Aquitaine), congédié le 4 jan-

vier 1789. Sergent au 1er bataillon de la Mayenne, le 18 septembre 1791. Capitaine au 27e léger, le 11 thermidor an XII (29 juillet 1804). Chef de bataillon le 3 mars 1807. Major à la suite de l'armée d'Aragon le 6 mai 1811. Passé avec son grade au 7e de ligne puis au 44e. Colonel du 114e le 2 juillet 1813. Passé en demi-solde à la suite du 5e de ligne le 29 juillet 1814.

Campagnes. — 1792-1793, armée du Nord. — Ans II et III en Vendée. — Ans IV et V, armée du Rhin. — An VI, armée d'Helvétie. — Ans VII, VIII et IX, armée du Rhin. — An XI, à Saint-Domingue. — Ans XII, XIII, armée de Hanovre. — 1806-1807, grande armée. — 1808 à 1814, en Espagne.

Blessé d'un coup de feu au côté droit le 28 janvier 1809, au siège de Saragosse.

NOMS ET ÉTATS DES SERVICES
des Officiers qui ont commandé le 114e en l'absence du Colonel

(30 août 1808—23 janvier 1809)

DUCOURET (Louis). — Né à Suxé (Charente), le 2 octobre 1777. Volontaire dans la marine du 1er janvier 1788 au 1er mai 1791. Lieutenant au 1er bataillon de la Charente le 17 octobre 1791. Capitaine le 28 février 1793. Chef de bataillon à la 4e demi-brigade légère le 19 thermidor an VI (6 août 1798). Major au 7e léger le 11 brumaire an XII (1er novembre 1803). Au 114e, le 7 juillet 1808 jusqu'au 7 septembre 1811. Passé colonel au 3e de ligne.

Campagnes. — 1792, dans le Nord. — Ans III, IV et V, dans le Nord et en Italie. — Resté en Egypte pendant toute l'occupation. — 1808 à 1809, en Espagne.

*

(13 avril 1813—2 juillet 1813)

ROUSSEL (Jean-Pierre-François). — Né à Belfort (Haut-Rhin),

le 29 mai 1782. Engagé au 12e chasseurs à cheval le 26 septembre 1798. Sous-lieutenant au 94e le 15 septembre 1806. Lieutenant le 23 septembre 1808. Capitaine adjudant-major au 116e le 1er septembre 1809. Chef de bataillon au 114e le 11 janvier 1812 jusqu'au 1er septembre 1814. Passé en demi-solde à la suite du 10e de ligne.

Campagnes. — Ans VII, VIII et IX, sur le Rhin. — Ans XI, XII et XIII, en Hanovre. — 1806, 1807, à la grande armée. — 1808 à 1814, en Espagne.

OFFICIERS ET SOLDATS DU 114e
Cités à l'ordre de l'armée d'Espagne

(1808—1814)

BLANCHOT (François). — Né à Velé (Haute-Saône), le 18 juin 1778. Lieutenant au 114e le 8 juillet 1808. Retraité le 5 octobre 1809.

A la bataille d'Alcaniz, le 23 mai 1809, s'est distingué par son courage et son entrain lors de l'assaut du mamelon de las Horcas; il y fut blessé grièvement d'un coup de feu à la partie supérieure de la cuisse gauche.

REBOUL (Jean). — Né à Lunel (Hérault), le 24 novembre 1784. Lieutenant le 2 mai 1809. Retraité le 16 septembre 1809.

A la bataille d'Alcaniz, le 23 mai 1809, blessé de deux coups de feu, continuait d'entraîner ses soldats en avant, lorsqu'il reçut une troisième et dangereuse blessure.

ROLLAND (Joseph-Antoine). — Né à Saint-Romain (Vaucluse), le 11 mai 1788. Arrivé au 114e le 30 août 1808. Chevalier de la Légion d'honneur le 6 août 1810. Mort à l'hôpital de Tortose le 8 mai 1813.

Au siège du château d'Alcaniz, en avril 1810, descend un obus dans une galerie de mine que les Espagnols étaient en train de creuser ; l'obus, en éclatant, tue treize Espagnols et détruit toute la galerie.

**

MABIRE (Jean-Baptiste). — Né à Bricquebec (Manche), le 24 mars 1778. Lieutenant le 20 janvier 1810. Capitaine adjudant-major le 10 avril 1813. Passé au 41e de ligne le 1er octobre 1814.

1º Au siège de Lérida, le 24 avril 1810, pénètre le premier dans la redoute de Pilar, et tue de sa main l'officier qui commandait.

2º Lors de la prise de Torre-Nueva, le 7 décembre 1811, il s'avance à la tête de quelques grenadiers jusque contre la porte de la tour et place un tonneau de poudre pour la faire sauter.

**

RÉGNAULT (Louis). — Né à Paris (Seine), le 14 mars 1788. Lieutenant le 21 septembre 1808.

Au siège de Lérida, le 7 mai 1810, à la tête de sa compagnie qui était en soutien, repousse une sortie de la garnison, tue ou fait prisonniers les Espagnols qui avaient pénétré dans les tranchées.

**

LAPLANE (Jean-Antoine). — Chef de bataillon le 1er juillet 1808. Arrivé au 114e le 30 août 1808, venant du 76e. Major à la suite de l'armée d'Aragon, le 1er février 1812.

A l'assaut de Sagonte, le 18 octobre 1811, est blessé au moment où, le premier, il arrivait au sommet de la brèche.

**

RAUCHON (Denis). — Né à Saint-Etienne (Loire) le 1er février 1773. Capitaine le 5 décembre 1810. Passé au 41e le 1er octobre 1814.

A la bataille de Sagonte, le 25 octobre 1811, malgré deux blessures, conserve le commandement de sa compagnie fortement engagée.

**

RONFORT (Joseph-François). — Né à Vercq (Meuse), le 19 mars 1773. Capitaine au 114° en juillet 1808. Chef de bataillon le 1er mai 1811.

Devant Péniscola, novembre et décembre 1811, livre plusieurs combats et tient tête avec son bataillon à une nombreuse garnison qui voulait se porter au secours de Valence.

* *

BRUGES. — Né à Saint-Lambert (Ardennes), le 17 septembre 1777. Capitaine le 1er mai 1810. Chef de bataillon en demi-solde au 5° de ligne le 27 juillet 1814.

Au combat de Castalla, le 13 avril 1813, blessé à la tête de sa compagnie lorsque celle-ci, étant d'arrière-garde, se sacrifiait pour protéger la retraite de la colonne du colonel Arbod.

* *

FRAULT (Robert). — Né à Avranches (Manche), le 2 juin 1763. Capitaine le 20 novembre 1808. Retraité le 1er mars 1814.

Au combat de Castalla, le 13 avril 1813, le colonel Arbod venant d'être tué, a pris, quoique blessé, le commandement de la colonne qui, grâce à son sang-froid, se replia en bon ordre.

* *

FERRY. — Né à Saint-Laurent-de-Brédevent (Seine-Inférieure), le 16 février 1785. Capitaine le 21 avril 1813. Passé au 41° de ligne le 1er février 1814.

Assiégé dans Sagonte, le 24 octobre 1813, avec vingt hommes de sa compagnie, il surprend un poste ennemi fortement retranché et, sans tirer un coup de fusil, tue une trentaine d'Espagnols et fait vingt prisonniers.

* *

ROUSSEAU (Morin-René). — Né à Château-Gontier (Mayenne), le 3 novembre 1766. Capitaine au 114° le 21 novembre 1808. Retraité le 1er octobre 1814.

Assiégé dans Sagonte, fin octobre 1813, traverse à la tête de sa compagnie tout un régiment espagnol et fait plusieurs prisonniers.

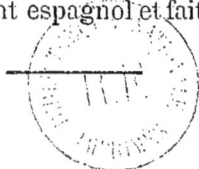

Refrain du 111ème de Ligne

Clairons

Tambours

Marche du Régiment

Clairons

Tambours

QUATRIÈME PARTIE

ÉPOQUE CONTEMPORAINE

CHAPITRE Ier

14e RÉGIMENT DE MARCHE

Le 14e Régiment de marche, qui avait été créé par décision ministérielle du 16 août 1870, fut constitué à Rueil, près Paris, le 23 août, des 4es bataillons des 55e, 67e et 100e d'infanterie, à l'effectif de 54 officiers et de 2,776 hommes, et placé sous les ordres du lieutenant-colonel *Vanche*.

Il fut embrigadé (1) dans la 3e division du 13e corps d'armée, commandé par le général Vinoy, et embarqué le 31 août à la gare du Nord, pour rejoindre l'armée du maréchal de Mac-Mahon. 2 bataillons campèrent à Charleville le 1er septembre, tandis que le 3e (100e) était dirigé sur Laon.

Dans la nuit du 1er au 2 septembre, le 14e leva le camp avec la 3e division et prit la route de Rethel. Placé en queue de colonne, il dut faire face aux attaques de la cavalerie prussienne jusqu'à ce que, ayant atteint le village de Lannois, les dispositions prises par le général Blanchard, qui commandait la division, lui permissent d'arriver, à sept heures du soir, à Novion-Porcien, où il bivouaqua.

Le 3 septembre, à neuf heures du soir, le 14e de marche atteignit Montcornet ; le 4, il était à Marle et, le 5, après avoir traversé

---

(1) 1re brigade.

Crécy et Couvron, il arriva à Laon, où il rejoignit le bataillon du 100°.

Le 7 septembre au soir, le Régiment qui était allé s'embarquer à Tergnier le 6 en passant par la Fère, campa à Paris sur l'avenue de la Grande-Armée où il demeura jusqu'au 11.

Le 14° avait perdu dans la retraite de Mézières : 1 tué, 10 blessés et 108 disparus.

Du 11 au 22, il fut envoyé successivement à Neuilly, à Vincennes, au Champ-de-Mars, et s'établit le 23 en avant de l'enceinte, sur la ligne Vanves-Montrouge, la droite au chemin de fer de Versailles, la gauche à la route d'Orléans. Couvert par une compagnie de grand-garde, chacun des trois bataillons travailla à mettre cette position en état de défense.

*
* *

Siège de Paris

(Journée du 30 septembre)

Le commandant du 13° corps avait résolu d'obliger les Prussiens à reculer leur ligne d'investissement en les faisant attaquer à l'improviste par quelques bataillons le 29 septembre. Un ordre du gouverneur de Paris, qui en reportait l'exécution au lendemain, retira au projet du général Vinoy son caractère inopiné et lui donna en même temps une importance considérable en faisant embrasser un front d'action qui s'étendait depuis Montmesly jusqu'à Bagneux.

L'Hay, Chevilly, Thiais, Notre-Dame-des-Mêches, durent être attaqués simultanément, pendant que, à l'extrême droite, la brigade Susbielle (13° et 14° de marche) exécutait une démonstration sur Clamart afin d'empêcher les forces allemandes du plateau de Châtillon de tomber sur le flanc de nos colonnes et d'envoyer des secours aux positions attaquées.

A la pointe du jour, le 14° de marche sort de ses positions et surveille les villages de Châtillon et de Bagneux. Rien n'apparaissant, le Régiment ne s'engage pas ; deux compagnies seulement du bataillon du 67°, déployées sur l'espace compris entre le cimetière de Bagneux et la route de Châtillon, échangent quelques

coups de feu avec l'ennemi. Le Régiment rentra dans ses cantonnements à midi, ayant eu cinq hommes blessés.

*
* *

Reconnaissance offensive sur Châtillon

(13 octobre)

Dans la nuit du 12 au 13 octobre, le gouverneur de Paris
ordonne au général Vinoy de pousser une reconnaissance offensive sur Châtillon. Dans ce but, la division Blanchard doit attaquer Clamart, Châtillon et Bagneux ; au centre, le général
Susbielle, avec le 14ᵉ de marche et le 3ᵉ bataillon du 13ᵉ, a pour
objectif Châtillon.

Le général Susbielle forme deux colonnes :

La première, forte des 2ᵉ et 3ᵉ bataillons (67ᵉ et 100ᵉ) du 14ᵉ de
marche, sous les ordres du lieutenant-colonel *Vanche*, commandant le Régiment, a pour objectif la gauche du village du côté de
Bagneux.

La deuxième, comprenant deux bataillons d'infanterie, dont le
1ᵉʳ bataillon (55ᵉ) du 14ᵉ de marche, sous les ordres du commandant *Mowat*, dit *Bedfort*, une compagnie de chasseurs à pied,
une batterie d'artillerie et une section du génie, est conduite par
le général Susbielle lui-même.

Dès 9 heures du matin, l'action s'engage. Le 1ᵉʳ bataillon
(Mowat) part des maisons dites la Barraque, participe à l'attaque
de la barricade qui coupe la principale rue de Châtillon et occupe
les maisons voisines.

La colonne *Vanche* part de Montrouge conservant trois compagnies en réserve et couvert par deux compagnies en tirailleurs.
Arrivés à portée, les tirailleurs sont accueillis par un feu soutenu,
venant des premières maisons. Le brave colonel *Vanche* marche
résolument à la tête de ses hommes ; à peine a-t-il fait quelques
pas qu'il tombe grièvement blessé. Le commandant *Swiney*, du
3ᵉ bataillon lui succède ; renforcés par les compagnies de réserve,
nos soldats enlèvent les enclos et les maisons ; mais à tous
moments l'ennemi reçoit de nouveaux renforts...

Le commandant *Mowat* reçoit l'ordre d'attaquer le réduit de la défense situé sur la place de l'Eglise : toutes les attaques de son bataillon sont repoussées par les pièces abritées qui tirent à mitraille.

Cependant, le but de la reconnaissance, obliger l'ennemi à montrer ses forces, était atteint. Vers deux heures et demie, le général Blanchard envoya l'ordre de se retirer. Le 14ᵉ de marche opéra sa retraite en bon ordre, sous la protection du 42ᵉ de ligne, et rentra dans ses cantonnements à quatre heures et demie.

Le 14ᵉ, dont les pertes furent sensibles : 2 officiers et 24 hommes de troupe tués, 2 officiers et 70 hommes blessés, venait de prouver qu'on pouvait désormais compter sur lui à l'égal des vieilles troupes. Deux citations à l'ordre de l'armée, quatre croix de chevalier et treize médailles militaires vinrent récompenser le jeune Régiment (1).

*
* *

A partir du 15 octobre, le Régiment concourut à l'ouverture des tranchées destinées à relier les forts de Montrouge, de Vanves et d'Issy, et à la construction de batteries de position sur cette ligne.

En exécution du décret du 28 octobre 1870, le 14ᵉ de marche prit le 1ᵉʳ novembre la dénomination de 114ᵉ Régiment d'infanterie et fut constitué définitivement.

CHAPITRE II

114ᵉ RÉGIMENT D'INFANTERIE

Continuation du Siège de Paris

Par décret paru au *Journal officiel* le 8 novembre, l'armée de Paris fut divisée en trois armées.

La première, composée des bataillons de marche de la garde nationale, sous les ordres du général Clément Thomas ;

(1) Voir à la fin du volume les renseignements détaillés.

La deuxième, formée des troupes de ligne et de quelques régiments de mobiles, sous le commandement du général Ducrot ;

La troisième, composée presque entièrement de mobiles, sous les ordres du général Vinoy.

Le 11 novembre, le 114ᵉ, faisant brigade avec le 113ᵉ et les 1ᵉʳ, 2ᵉ et 3ᵉ bataillons de la Vendée, fut placé à la 1ʳᵉ brigade (colonel Comte) de la 3ᵉ division (général Faron) du 1ᵉʳ corps d'armée (général Blanchard) de la 2ᵉ armée (général Ducrot).

Le 14 novembre, le lieutenant-colonel *Boulanger*, nommé par décret du 9, vint prendre le commandement du Régiment.

* *

Bataille de Champigny

(30 novembre 1870)

En exécution d'un plan d'attaque des hauteurs de Champigny et de Villiers, arrêté par le gouverneur de Paris, toute la 2ᵉ armée devait, le 29 novembre, dès le point du jour, franchir la Marne entre Joinville et Bry.

Dans la soirée du 28, la 2ᵉ armée bivaquait sur la rive droite de la Marne. La 3ᵉ division était dans le bois de Vincennes, face à l'est, la gauche aux buttes, la droite vers Gravelle ; le 114ᵉ avait quitté ses cantonnements de Montrouge et de Vanves à dix heures du matin.

Une crue de la Marne obligea de retarder l'opération de vingt-quatre heures. L'ordre de mouvement pour le 30 novembre portait que le 1ᵉʳ corps commencerait à franchir la Marne à sept heures du matin, l'infanterie sur le pont de Joinville, et que, la rivière franchie, il se formerait à droite et à gauche de la route de Joinville à Villiers. En vertu d'instructions particulières, le 1ᵉʳ corps devait, après la prise de Champigny, porter tout son effort sur le plateau de Chennevières et le parc de Cœuilly.

Le 30, à six heures et demie, la division Faron passe la première, et se trouve placée, à huit heures et demie, dans la plaine entre la Marne et la route de Champigny, la 1ʳᵉ brigade (113ᵉ et 114ᵉ) en première ligne à hauteur du Bois-l'Huilier. La division est à peine formée qu'une batterie ennemie, s'établissant derrière un épaulement au bord du plateau de Chennevières, ouvre son feu sur elle. La 1ʳᵉ brigade est aussitôt déployée ; le 113ᵉ marche à l'attaque de Champigny, le 114ᵉ le suit précédé d'une compagnie en tirailleurs qui a pour mission de fouiller un petit bois et de tourner le village sur la droite. A dix heures du matin, le 113ᵉ et le 114ᵉ occupaient Champigny ; la 2ᵉ brigade (35ᵉ et 42ᵉ) traverse le village et couronne les hauteurs de Cœuilly. Mais le parc de Cœuilly offrait une ligne de défense extrêmement solide ; pendant que le 1ᵉʳ bataillon du 114ᵉ va occuper les fours à chaux pour couvrir le nord de Champigny, le lieutenant-colonel *Boulanger* reçoit l'ordre d'aller prendre position derrière le 35ᵉ avec les deux autres bataillons de son régiment. A onze heures, il prolonge la gauche du 35ᵉ, face au parc.

A ce moment, les Wurtembergeois sortent du parc de Cœuilly et veulent exécuter un retour offensif. « Après un moment d'hésitation, dit le général Ducrot, nos soldats vigoureusement enlevés par leurs officiers, s'avancent au pas de charge et, baïonnette baissée, foncent sur l'ennemi..... Sans attendre le choc, les Allemands tournent le dos..... Le 35ᵉ au centre, le 114ᵉ à gauche, quelques compagnies du 113ᵉ et de la Vendée à droite, arrivent jusque sur la pente du ravin de Cœuilly, poursuivant de près les Wurtembergeois qui abandonnent la tranchée-abri, la redoute et nous laissent plus de 400 des leurs tués, blessés ou prisonniers. Mais là, accumulés sur un espace très restreint, nous sommes assaillis de face par la mitraille de la batterie de la grille, par la fusillade des créneaux ; de flanc par les obus de Villiers, de la pointe de Cœuilly..... Malgré ce feu rapide de mousqueterie et d'artillerie, nos soldats font bonne contenance..... quand tout à coup, de Mon-Idée s'élancent plusieurs bataillons wurtembergeois. Notre droite, menacée d'être prise à revers, recule..... les bataillons, les compagnies se confondent..... criblés de toutes parts, nous sommes obligés de rétrograder. » Les Wurtembergeois menacent de nous déborder par la droite ; mais ils sont contenus par quelques compagnies.

Les régiments sont désorganisés, la plupart des officiers ont été mis hors de combat, « le lieutenant-colonel *Boulanger*, atteint d'une balle à l'épaule, reste à la tête de ses troupes ». (Général

Ducrot.) « Il m'était impossible, écrit le général Boulanger, puisque j'étais encore à même de me tenir debout, d'abandonner sur le champ de bataille un régiment qui avait *26 officiers* et *514 hommes* hors de combat. »

Les deux partis restent en présence : les Allemands derrière les couverts de Cœuilly et de Chennevières, la division Faron sur le bord des pentes qui descendent vers Champigny, le 114ᵉ à cheval sur le chemin creux de Cœuilly. Entre eux s'étend le plateau couvert de cadavres. Il était midi.

A midi et demi, le 1ᵉʳ bataillon du 114ᵉ, venant du four à chaux, arrive sur le plateau avec le 42ᵉ. Ces braves troupes, enlevées par leurs chefs, entraînent toute la ligne postée derrière la crête. Appuyées par le 114ᵉ et le 35ᵉ, elles renouvellent l'attaque contre le parc de Cœuilly ; « un feu rapide d'artillerie et de mousqueterie n'arrête pas l'élan de nos soldats..... Ils enlèvent de nouveau l'ouvrage du plateau et, bousculant tout devant eux, arrivent sur le bord du ravin de Cœuilly ». Mais une deuxième fois, cette accumulation de troupes offre une proie facile aux coups de l'ennemi, plus de la moitié des officiers et soldats est par terre, le commandant *Mowat* du 114ᵉ est tué.

Ces pertes considérables n'arrêtent pas la marche intrépide de nos hommes, qui s'avancent jusqu'à 150 mètres du parc. Alors de nombreux renforts allemands chargent notre droite du côté de Chennevières ; il faut encore reculer jusqu'à la crête, que nous réussissons à garder. « Dans ces luttes acharnées sur le plateau, les jeunes soldats des 113ᵉ et 114ᵉ avaient combattu avec vaillance. » (Général Ducrot.) Les quatre chefs des régiments engagés étaient hors de combat. Il était trois heures.

Quand la nuit vint, vers quatre heures et demie, le général Ducrot donna l'ordre de cesser le combat et de coucher sur les positions. Ce fut par un froid glacial (le thermomètre descendit à 16° au-dessous de zéro) que, sans couvertures et sans feux, nos troupes durent bivouaquer, le 114ᵉ dans Champigny.

* *

Journée du 2 décembre

La journée du 1ᵉʳ décembre fut employée à recueillir les blessés et à mettre en état de défense les positions occupées, en prévision d'une attaque probable des Allemands. Le 114ᵉ resta à Champigny.

Le 2 décembre, avant le jour, un peu après six heures et demie, l'ennemi fait irruption sur les grand'gardes qui couvraient Champigny, les bouscule, les force à se replier ; la panique se met dans le village et ce n'est que grâce à deux compagnies du 35ᵉ et à quelques compagnies du 114ᵉ qui interceptent les chemins, que le général Faron peut organiser la résistance. L'élan de l'aile gauche allemande est arrêté aux premières maisons du village. A huit heures du matin, quelques compagnies du 114ᵉ combattaient au centre avec les 35ᵉ et 42ᵉ, le reste du régiment défendait les maisons situées au nord du village, le long de la route de Bry, non loin de l'embranchement du chemin du four à chaux.

A neuf heures du matin, l'arrivée d'un régiment allemand détermine une nouvelle attaque ; une lutte acharnée s'engage dans le village, le 114ᵉ ne perd pas un pouce de terrain. « A dix heures, deux brigades étaient venues successivement se heurter à nos défenseurs de Champigny sans pouvoir les déloger de leurs positions ; leur situation était même assez compromise dans ce village où nous commencions à regagner quelques maisons, quelques jardins..... ». (Général Ducrot.)

A onze heures du matin, deux bataillons de chasseurs et trois régiments allemands, soutenus en arrière par une réserve de quatre bataillons, prononce une troisième attaque contre Champigny. « La division Faron repousse ce nouvel assaut avec une indomptable énergie ; partout l'ennemi est arrêté et bientôt à notre tour nous prenons l'offensive. » (Général Ducrot.) Au nord de la Grande-Rue, où était le 114ᵉ, les sapeurs ouvrent la brèche, nos soldats s'y précipitent résolument ; de maison en maison, de chambre en chambre on s'aborde avec fureur, on se fusille à bout portant, on se bat à coups de baïonnette, à coups de crosse. *Au plus fort de la lutte, le 114ᵉ reçoit les vives félicitations du général Trochu.*

A trois heures, la lutte d'infanterie était terminée. Les Allemands n'avaient pu déloger l'armée française de ses positions et avaient dû regagner les hauteurs.

Le 114ᵉ fut chargé, avec le 117ᵉ, de la garde de Champigny où il passa la nuit du 2 au 3 décembre couvert par un bataillon de grand-garde.

Le 3 décembre, dès le point du jour, le général en chef parcourut le front des positions et trouva partout nos malheureux soldats accroupis sur la terre gelée, épuisés, grelottants..... Il prit le parti de battre en retraite. A deux heures de l'après-midi, sous la protection du 35ᵉ, le 114ᵉ repassa la Marne au pont de Joinville et rejoignit son bivouac du bois de Vincennes.

Dans les journées des 30 novembre et 2 décembre, le Régiment avait eu 8 officiers et 35 hommes de troupe tués, 18 officiers et 325 hommes blessés. Il fut récompensé par 4 citations à l'ordre de l'armée, 3 croix d'officier, 16 de chevalier et 14 médailles militaires.

CHAPITRE III

FIN DU SIÈGE DE PARIS

Les pertes éprouvées dans les deux journées des 30 novembre et 2 décembre avaient tellement réduit les effectifs, qu'une reconstitution de la 2ᵉ armée s'imposait. Le 2ᵉ corps devint 1ᵉʳ, le 3ᵉ passa 2ᵉ, et le 1ᵉʳ corps fut dissous. De ce dernier corps, on ne conserva que la division Faron et une 3ᵉ brigade qui formèrent un corps de réserve.

Le 114ᵉ alla, le 5 décembre, occuper les baraques du camp de Saint-Maur. C'est là que, le 6 décembre, il fut informé officiellement qu'il comptait désormais au corps de réserve de la 2ᵉ armée sous les ordres du général Faron.

*
* *

Bataille du Bourget

(21 décembre 1870)

Le 20 décembre, le 114ᵉ quitta le camp de Saint-Maur et alla camper en arrière du fort de Romainville.

Le 21, avant le jour, par un brouillard épais et humide, toutes les troupes composant le corps d'armée de Saint-Denis et la 2ᵉ armée vinrent prendre leurs positions de combat : le corps de réserve derrière le village de Bobigny. Il s'agissait de rompre la ligne d'investissement pour aller donner la main à l'armée du Nord.

La bataille, engagée à sept heures du matin par le corps de Saint-Denis et à neuf heures par la 2ᵉ armée, fut arrêtée vers midi par ordre du gouverneur de Paris ; la réserve s'était avancée d'un kilomètre vers le nord jusqu'à la Patte-d'Oie, au sud du Petit-Drancy. Le 114ᵉ avait perdu un homme.

Le 21, au soir, toute la 2ᵉ armée était bivouaquée dans la plaine entre Bondy et Aubervilliers, le 114ᵉ en arrière du Petit-Drancy.

*
* *

A partir de ce jour, la division Faron occupe Bobigny, Drancy, la ferme et le petit bois de Groslay ; la brigade Comte, 113ᵉ et 114ᵉ, est spécialement chargée de la défense de Groslay et des tranchées voisines, les deux régiments alternant chaque jour pour fournir un bataillon de garde. « Ce fut une dure épreuve que ces cruelles journées passées dans cette plaine de boue glacée, balayée par la tourmente et sillonnée par les obus allemands..... La grande majorité de nos soldats déploya un courage auquel on ne saurait trop rendre hommage..... Que de braves gens furent mortellement frappés par le froid en accomplissant simplement, humblement leur devoir..... »

Le 30 décembre, le Régiment alla cantonner à Pantin, sans que la garde de Groslay fût cependant abandonnée. En l'absence de documents justifiant ce léger déplacement du 114ᵉ, nous devons supposer qu'il fut rendu nécessaire par le bombardement des batteries prussiennes, dont Drancy, Groslay et Bobigny étaient les principaux objectifs. A Pantin, on est abrité par le fort de Romainville.

Le 11 janvier 1871 le 114ᵉ retourna occuper Bobigny et reprit le service des tranchées au petit Drancy, à Drancy, aux Allouettes et à la ferme de Groslay. A ce moment le bombardement se ralentit sensiblement sur le front Nord-Est mais pour reprendre avec une nouvelle intensité quelques jours après.

Le 19 janvier, à sept heures du matin, deux compagnies du 2ᵉ bataillon, de grand'garde à la ferme de Groslay, furent coupées de leur ligne de retraite et enveloppées par des forces supérieures. Vingt-cinq hommes conduits par le sergent-major *Régis* réussirent seuls à s'échapper. Un capitaine, deux lieutenants, deux sous-lieutenants et cent vingt-six hommes furent faits prisonniers.

En même temps, le 1ᵉʳ bataillon, établi dans les tranchées à gauche de Drancy, repoussait une attaque combinée avec le mouvement exécuté sur Groslay.

Le 21, le 114ᵉ quitta Bobigny pour aller cantonner à Bagnolet où son service consista à garder la ligne du chemin de fer de Mulhouse, entre Noisy-le-Sec et Rosny. Il y resta jusqu'au 26, jour où il rentra dans Paris et fut baraqué sur le boulevard Rochechouart. C'est là que furent reconstituées les deux compagnies perdues à la ferme de Groslay.

Par décret du 27 janvier, le lieutenant-colonel *Boulanger* fut promu au grade de colonel et conserva le commandement du 114ᵉ.

Le 28 janvier fut signé l'armistice qui mettait fin au siège de Paris.

CHAPITRE IV

DE LA CAPITULATION DE PARIS AU 18 MARS 1871

Les stipulations de l'armistice autorisaient à conserver, armée dans Paris, une division de 12 mille hommes. Cette division, placée sous les ordres du général Faron, se composa de six régiments répartis en trois brigades ; le 114ᵉ et le 113ᵉ formèrent la 3ᵉ brigade, commandée par le général Daudel.

Le 114ᵉ fut caserné au Prince-Eugène, le 1ᵉʳ février. Le 27, la 3ᵉ brigade en entier alla occuper les baraquements des Tuileries. Ce déplacement subit était motivé par l'article 2 de la Convention signée à Versailles le 26 février, convention qui autorisait l'entrée de 30 mille Allemands dans la partie de Paris comprise entre la Seine, la rue du faubourg Saint-Honoré et l'avenue des Ternes, du 1ᵉʳ au 3 mars. Le 1ᵉʳ mars, le 114ᵉ fut employé à former, entre l'armée allemande et la population parisienne, un cordon de sûreté qui s'étendait de la rue de Rivoli à la porte des Ternes par le faubourg Saint-Honoré. Précaution superflue, car Paris sut, ce jour-là, contenir son indignation et s'incliner avec résignation devant un fait douloureux, mais inévitable !

*
* *

Le 7 mars, au matin, le Régiment quitta les baraquements des Tuileries pour aller occuper trois des forts de la rive gauche de la Seine, qui lui furent remis par l'armée allemande.

Le 1ᵉʳ bataillon prit possession du fort de Montrouge ; le 2ᵉ, de celui de Bicêtre ; le 3ᵉ, du fort d'Ivry.

CHAPITRE V

COMMUNE DE PARIS

Entièrement étranger aux tristes évènements qui, dans la journée du 18 mars, laissèrent le gouvernement désarmé et impuissant en face des gardes nationaux de Paris insurgés, le 114ᵉ reçut, dans la nuit du 18 au 19, l'ordre d'évacuer entièrement les forts qu'il occupait et de se replier sur Versailles avec toute l'armée de Paris.

Ce mouvement fut exécuté le 19 par la route stratégique : les Moulineaux, Sèvres, Viroflay. A son arrivée, le Régiment fut campé dans le parc de Versailles, avenue de Trianon, et spécialement chargé, avec le 113⁰, de la garde de l'Assemblée Nationale. Les évènements qui suivirent prouvèrent que le chef du Gouvernement avait été bien inspiré en donnant à la brigade Daudel cette mission de confiance.

*
* *

2 et 3 avril

Les quelques défections qui s'étaient produites au moment de l'insurrection laissaient le Gouvernement dans le doute au sujet des dispositions de l'armée. Le 114⁰ fut le premier régiment qui tint à honneur de rassurer les représentants du pays : le 23 mars, sous l'inspiration de son colonel, il signa une adresse à l'Assemblée nationale, lui affirmant hautement son dévouement. Aussi, quand le 2 avril on apprit que l'armée de la commune menaçait de se porter sur Versailles, le 114⁰ fut immédiatement désigné pour marcher au premier rang contre les insurgés.

L'attaque des fédérés se prononça par la route de Neuilly, se dirigeant sur le rond-point de Courbevoie.

La brigade Daudel arriva au rond-point des Bergères par la Celle-saint-Cloud, Bougival et Rueil. Les barricades élevées au rond-point de Courbevoie ainsi que la caserne furent rapidement enlevées ; les insurgés s'enfuirent en désordre laissant entre nos mains quelques prisonniers, et bon nombre de blessés et de tués.

Le Régiment rentra le même jour à Versailles, où il reçut les félicitations du Ministre de la guerre. Ces félicitations sont consignées dans l'ordre du Régiment, n⁰ 21, en date du 3 avril.

Le lendemain 3 avril, les fédérés, profitant de ce que l'armée de Versailles avait négligé de garder les positions conquises la veille, s'avancèrent de nouveau par Courbevoie, et, en plus grand nombre que le 2, envahirent les villages de Rueil et de Bougival.

Le 114⁰ suivit la route de la Celle-Saint-Cloud ; ayant dépassé Beauregard, il tourne à gauche par la route qui conduit directement à Bougival et se trouva aussitôt en présence de l'avant-garde ennemie, qu'il attaqua avec une grande vigueur.

Le village est enlevé ; on arrache le drapeau rouge qui flottait sur le clocher. L'ennemi, serré de près, se retire par la route de

Rueil, derrière les barricades que le 114e est obligé de prendre successivement.

Menacés d'être enveloppés par les mouvements combinés de l'armée de Versailles, les fédérés abandonnent Rueil, Nanterre, que le 114e traverse à leur suite, et rentrent dans Paris à la débandade par le pont d'Asnières.

Le Régiment alla attendre sous les murs du Mont-Valérien l'ordre de rentrer le soir même à son camp de Trianon.

Dans cette affaire, le 114e avait eu un soldat tué et un blessé, le sergent *Jourde*, qui mourut quelques jours après ; le malheureux avait déjà succombé à sa blessure quand il fut nommé cheva'ier de la Légion d'honneur.

Une croix d'officier, quatre de chevalier, six médailles militaires furent attribuées au Régiment.

*
* *

Le 10 avril, le 114e quitte le camp de Trianon pour aller prendre position sur le versant méridional des coteaux qui dominent le village de Bièvre. Ses trois bataillons sont campés face à la vallée de la Bièvre sur un espace d'environ deux kilomètres, la droite appuyée au château de Montclain.

Le 11, en exécution d'un décret du 6 avril portant réorganisation de l'armée de Versailles, le 114e passe à la 2e brigade : 113e, 114e (général Daudel remplacé par le général Osmont) de la 1re division (général Levassor-Sorval) du 2e corps d'armée (général de Cissey) de la 1re armée, commandée par le maréchal de Mac-Mahon, duc de Magenta.

*
* *

Le 114e repousse une attaque des insurgés sur Clamart

Le 12 avril, la brigade va occuper les tranchées qui protégeaient la redoute de Chatillon et le village de Clamart. Le 114e laisse au camp de Bièvre trois compagnies pour garder les positions, les quinze autres sont réparties dans les tranchées.

Dans la nuit du 12 au 13, les sept compagnies de tranchée à Clamart sont assaillies par un feu très-vif de mousqueterie et l'artillerie que les insurgés ouvrent sur nos positions et sur le village. La façon vigoureuse dont cette attaque est repoussée, mérite au Régiment, de la part du général commandant la brigade, des éloges qui sont consignés dans l'ordre général n° 83 en date du 14 avril. Deux officiers et quatre hommes de troupe y sont cités comme s'étant distingués dans ce combat, où nous eûmes un soldat tué, deux officiers et six hommes de troupe blessés.

Le 13 avril le régiment revint à Bièvre occuper ses précédentes positions.

Les 18, 23 et 28 avril, le 114ᵉ fournit la garde de tranchée à Chatillon et à Clamart dans les mêmes conditions que le 12. Soumis au feu incessant des forts, il eut, dans la nuit du 28 au 29, un soldat tué, sept hommes de troupe blessés.

Dans la nuit du 1ᵉʳ au 2 mai, le 1ᵉʳ bataillon du Régiment servit de soutien à un bataillon de chasseurs à pied qui tentait un coup de main contre la gare de Clamart.

*
* *

Le 2 mai, le 114ᵉ alla s'établir dans le parc de Sceaux. Le colonel *Boulanger* fit aussitôt exécuter par la compagnie de francs-tireurs, soutenue par deux compagnies, une reconnaissance du village de Bourg-la-Reine qu'il savait être occupé par les insurgés. Ces derniers furent chassés du village et le colonel établit une compagnie en grand-garde dans la dernière maison avec une compagnie en soutien sur la place.

Le lieutenant des francs-tireurs *Tritsch* (1) et 6 hommes de troupe furent blessés dans cette action.

Le même jour, un détachement de 200 hommes du Régiment ouvrit une tranchée dans le cimetière d'Issy sous un feu des plus violents.

Du 3 au 11 mai, le 114ᵉ fournit la grand'garde à Bourg-la-Reine, des travailleurs pour la construction de batteries et de tranchées contre les forts et l'enceinte, la garde des tranchées en avant de Clamart et de Chatillon.

(1) Cité à l'ordre de la division.

8

Le 6 mai, la redoute des Hautes-Bruyères et le fort de Bicêtre criblèrent de projectiles le village de Bourg-la-Reine et blessèrent un sous-lieutenant (*M. Delville*) et trois soldats.

*
* *

Coup de main du 11 mai

Le 11 mai, d'après les ordres du général Levassor-Sorval, commandant la division, cinq compagnies du 114ᵉ, sous le commandement du colonel *Boulanger* tentèrent un coup de main contre les insurgés établis à la double barricade du pont du chemin de fer sur la route nationale de Toulouse, en avant du village de Cachan.

Les cinq compagnies opérèrent en deux colonnes :

Celle de droite, composée de deux compagnies et demie, sous les ordres du capitaine *Lemonnier*, partit à deux heures du matin de Bourg-la-Reine en suivant les bords de la Bièvre jusqu'aux premières maisons de Cachan et se rabattit alors sur la route pour prendre à revers les deux barricades ;

Celle de gauche, dont le colonel s'était réservé le commandement, couverte par une section de francs-tireurs, déboucha de Bagneux à deux heures vingt minutes du matin, suivit pendant quelque temps la route de Cachan et appuya ensuite légèrement à gauche à travers champs, exécutant un mouvement analogue à celui de l'autre colonne.

L'opération réussit complètement ; les barricades prises à revers furent successivement enlevées à la baïonnette sans brûler une seule cartouche.

A trois heures, les troupes rejoignirent leur camp, laissant sur le terrain 60 insurgés tués, dont 2 officiers, emportant un drapeau, des sabres, une quantité de fusils et ramenant 41 prisonniers, dont 2 officiers.

Le détachement du 114ᵉ avait eu 7 soldats blessés et 1 tué.

Cette expédition si bien conduite valut au Régiment un ordre de félicitations du maréchal de Mac-Mahon, commandant en chef, et un du général de Cissey, commandant le 2ᵉ corps dans lequel

arent cités : le colonel, 3 capitaines, 1 lieutenant, 1 sous-
eutenant et 14 hommes de troupe.

* * *

Du 12 au 17 mai, le Régiment continua de fournir la grand-
garde à Bourg-la-Reine, des gardes de tranchées et des travail-
eurs. Quatre soldats furent blessés dans ce service.

Le 17 mai, les 1er et 2e bataillons, descendant de grand-garde,
allèrent occuper les villages de Bagneux et de Fontenay-aux-
Roses ; le 3e bataillon resta pour garder la position de Sceaux.

* * *

Affaire du 18 mai

Le 18 mai, en exécution des ordres du général Levassor-Sorval,
commandant la division, cinq compagnies du 114e, sous le commandement du colonel *Boulanger*, prirent part à l'expédition
dirigée par le général Osmont contre les barricades du chemin
de fer, sur la route de Toulouse.

Deux compagnies étant laissées en réserve, le capitaine *Puig*
reçut le commandement des trois autres. Pendant qu'une colonne,
formée par le 82e et le 113e, suivait le cours de la Bièvre, le capitaine *Puig*, couvert par la compagnie de francs-tireurs, sortait de
Bagneux à huit heures du soir et se dirigeait par le même chemin
que le 11 mai. Une vingtaine d'insurgés trouvés dans les maisons
fouillées au passage sont tués sur place. A 200 mètres d'une
première barricade, nos soldats sont accueillis par un feu très vif ;
l'assaut est donné, la barricade est enlevée avec entrain et la maison Pichon reste en notre pouvoir.

Aussitôt, les trois compagnies se rabattent sur la double barricade du 11 ; une d'elles gagne le flanc de l'ouvrage, court aux
insurgés au cri de : « En avant ! » poussé par les officiers et
répété par les soldats, et, sans tirer un coup de fusil, secondée
par les deux autres compagnies, s'empare du retranchement sous
une grêle de projectiles. Une section du génie, envoyée par le
général de division, travaille à détruire la barricade. Mais de
fortes réserves ennemies descendent des Hautes-Bruyères et de
Cachan ; le travail est abandonné, les compagnies se retirent avec

une vingtaine de prisonniers, dont un capitaine, un drapeau, 40 fusils et des cartouches, et laissant sur le terrain une centaine de tués, dont un chef de bataillon et 2 officiers subalternes.

Le 114e eut 4 soldats tués, 3 officiers et 6 hommes de troupe blessés.

Le colonel, 8 officiers, 14 hommes de troupe furent cités à l'ordre de la division.

*
* *

Dans le service des tranchées fourni le 18 en avant du fort de Vanves et le 19 en avant du fort d'Issy, 2 soldats furent tués.

Le 20 mai, le Régiment alla occuper le fort de Vanves et les tranchées en avant du fort.

Le 21, à une heure de l'après-midi, le 2e bataillon se porta sur Montrouge et le Petit-Vanves; les insurgés s'enfuirent à son approche et se renfermèrent dans Paris. 2 soldats furent blessés.

A huit heures du soir, le 114e fut relevé. A dix heures, les 2e et 3e bataillons, sous les ordres du colonel, se dirigèrent vers le fort d'Issy et bivouaquèrent à l'abri des talus du chemin de fer. Le lieutenant-colonel *Deloffre*, avec le 1er bataillon, fut laissé à Bagneux, où il demeura jusqu'au 25 mai.

*
* *

Entrée dans Paris

Le 22 mai, à huit heures du matin, les 2e et 3e bataillons du 114e se mirent en marche et entrèrent dans Paris par la porte de Versailles, sans rencontrer de résistance.

Le 114e se dirigea sur la gare aux marchandises du chemin de fer de l'Ouest (rive gauche); il s'empara, en route, d'une barricade élevée à la rencontre de la rue Olivier-de-Serres avec la rue Dombasle et bivouaqua sur le boulevard Vaugirard. La gare aux marchandises fut occupée par le Régiment qui détacha des compagnies dans les rues Vandamme, du Moulin-de-Cœur, du Chemin de fer de l'Ouest et de Constantine. Ces compagnies tiraillèrent toute la soirée et une partie de la nuit avec les avant-postes des insurgés qu'elles délogèrent successivement des maisons qu'ils occupaient.

A huit heures du soir, une section de francs-tireurs fit une reconnaissance vers le cimetière Montparnasse. A la vue des fédérés, le lieutenant *Tritsch*, n'écoutant que son courage, s'élança à la tête de ses hommes et fut grièvement blessé d'un biscaïen en pleine poitrine : blessure mortelle qui devait enlever, le 8 juin, au Régiment, un de ses plus braves officiers. Un soldat fut blessé.

A partir du 23 mai, les évènements se précipitent. Dès le matin, le 3e bataillon est envoyé pour fouiller les maisons du XIVe arrondissement et se porter ensuite à l'attaque du carrefour des Quatre-Chemins.

A midi, une compagnie s'empare de deux barricades élevées dans la rue Pometty ; une autre compagnie, s'avançant par la rue des Thermopyles, la rue des Plantes et la rue du Moulin-Vert, enlève, à une heure et demie, une barricade assez vigoureusement défendue au débouché de la rue du Moulin-Vert sur l'avenue du Maine.

*
* *

Attaque et prise du carrefour des Quatre-Chemins

(23 mai)

A trois heures, le carrefour des Quatre-Chemins est attaqué sur deux points :

La compagnie maîtresse de la barricade de la rue du Moulin-Vert s'établit dans les maisons qui bordent le côté droit de la Chaussée du Maine et regardent le carrefour des Quatre-Chemins ; elle ouvre le feu sur les défenseurs de la barricade qui coupe la Chaussée et sur ceux qui sont postés dans le clocher de l'église Saint-Pierre. Bon nombre d'insurgés sont mis hors de combat, la compagnie s'élance au pas de course et enlève la barricade où elle s'empare de quatre pièces d'artillerie chargées que l'ennemi n'a pas eu le temps d'utiliser.

Une autre compagnie envahit l'église, en tue les défenseurs, et, poursuivant son succès, s'empare de la barricade de l'avenue d'Orléans. On y trouve deux autres pièces.

Pendent ce temps, la compagnie du génie auxiliaire, attachée au 3e bataillon, se porte par la rue du Moulin-Vert, la rue et l'impasse des Plantes, contre la barricade de la rue d'Alésia qu'elle enlève avec le plus grand entrain. Deux nouvelles pièces y sont prises, et le carrefour des Quatre-Chemins, qui formait une place d'armes importante, est en notre pouvoir.

La compagnie, maîtresse de l'église, s'élance alors dans l'avenue d'Orléans sur les pas des insurgés en fuite et s'empare de la barricade, armée de quatre pièces qui coupe l'avenue à hauteur de la rue Brézin. Du même coup, elle fait tomber la résistance de la barricade de la rue Brézin.

Le 3ᵉ bataillon fut alors relevé par le 2ᵉ qui, sous la conduite du colonel, occupa à six heures du soir les positions conquises.

Le 3ᵉ bataillon alla bivouaquer sur le boulevard Vaugirard.

*
* *

Attaque et prise de la place d'Enfer

(23 mai)

Laissant une compagnie en réserve à la barricade de la rue Brézin avec mission de fouiller les maisons, le colonel se met aussitôt en mesure de continuer l'œuvre si heureusement commencée par le 3ᵉ bataillon.

Une barricade, armée de deux pièces, était élevée au débouché de la rue d'Enfer sur la place. Deux compagnies s'élancent au pas de course et en chassent les insurgés qui abandonnent leurs canons ; une d'elles occupe la barricade, l'autre les premières maisons des deux côtés du boulevard Arago.

Une compagnie est dirigée sur la gare d'Orsay, s'en empare et s'y installe. Une autre va occuper le cimetière Montparnasse, comme soutien de l'artillerie, pour enfiler de ses feux les boulevards Saint-Jacques et Arago. La dernière, enfin, est envoyée à la mairie du XIVᵉ arrondissement.

Cette journée avait coûté au 114ᵉ un sous-lieutenant et 6 hommes de troupes tués, 2 capitaines et 9 hommes blessés, 1 disparu.

*
* *

Le 2ᵉ bataillon passa la nuit du 23 au 24 et une partie de la journée suivante dans ses positions, que les insurgés, postés boulevards Arago et Saint-Jacques et rue d'Enfer, ne cessèrent de couvrir de projectiles.

Une reconnaissance exécutée au point du jour, par le capitaine adjudant-major du bataillon, ayant fait connaître que la barricade de la rue de la Santé était évacuée, mais que celles de la rue d'Enfer, de la rue Cassini et de la rue du faubourg Saint-Jacques étaient fortement occupées, le chef de bataillon fit diriger un feu nourri sur ces différents points, que l'ennemi évacua successivement, et s'empara de l'Observatoire, dont les défenseurs furent refoulés sur le Panthéon.

Quatre compagnies du 2° bataillon occupèrent le carrefour de l'Obserbatoire, les deux autres restèrent en réserve place d'Enfer.

Le même jour, 24 mai, à neuf heures et demie du matin, le 3° bataillon partit du boulevard Vaugirard, prit la chaussée du Maine, la rue Brézin, traversa l'avenue d'Orléans, la Villa Sébastopol, gagna la rue Hallé et la rue de la Tombe-Issoire, et s'empara à onze heures de la barricade élevée à la jonction de ces deux dernières rues. Le chef du 3° bataillon abrita son bataillon derrière le talus du chemin de fer, fit occuper la gare d'Orsay par une compagnie, et détacha une compagnie et demie sous les ordres de l'adjudant-major pour fouiller le quartier et le parc de Montsouris.

A une heure du soir, en exécution d'un ordre du général de division, le commandant du 3° bataillon, laissant l'adjudant-major achever sa mission avec son détachement et confiant la garde de la gare d'Orsay à une section de la compagnie du génie, rejoignit le 2° bataillon à l'Observatoire.

*
* *

Attaque et prise du Panthéon

(24 mai)

Le Régiment, réuni sous le commandement du colonel, se dirigea sur le Panthéon avec mission de tourner ce monument par le sud, en passant par le boulevard Saint-Michel, les rues du Val-de-Grâce, des Feuillantines et Rateau.

Au débouché de la rue Rateau sur la rue Lhomond, le 114° se

trouva en face d'une barricade inachevée mais protégée par une grille en fer, qui était appuyée à droite et à gauche par le couvent du Saint-Esprit et le collège Rollin que les insurgés occupaient en force. Au signal d'attaque de son colonel, le Régiment se rue sur l'obstacle qu'il ne parvient à briser qu'au prix de pertes sérieuses. La barricade située à la jonction de la rue Lhomond et de la place du Marché, celle élevée au débouché de la rue du Pot-de-fer-Saint-Marcel sur la rue Mouffetard, ainsi que les nombreuses maisons religieuses de ce quartier devenues des repaires d'insurgés, tombent successivement en son pouvoir.

A sept heures du soir, après une lutte acharnée de deux heures le 114° est maître des positions, et bivouaque dans le séminaire du Saint-Esprit et le collège Rollin, couvert par des avant-postes.

Le détachement du 3° bataillon, en reconnaissance dans le parc de Montsouris, était rentré à la gare d'Orsay à trois heures de l'après-midi, après s'être assuré qu'aucun danger ne pouvait venir de ce côté. Relevé à huit heures du soir par une compagnie du 113°, il alla bivouaquer avec la section du génie rue Soufflot, à onze heures du soir. Le 25, à six heures du matin, il ralliait le Régiment au collège Rollin.

Le 114°, dans cette journée, fut fortement éprouvé : le colonel *Boulanger*, blessé, dut remettre au commandant *de Montbel* le commandement des 2° et 3° bataillons ; en outre, 1 officier et 10 hommes de troupe furent tués, 4 officiers et 31 hommes furent blessés.

* *
*

25, 26 et 27 mai

Le 25, à une heure, le Régiment quitta le Panthéon et fut mis en réserve derrière l'asile-clinique d'aliénés pendant l'attaque et la prise du boulevard et de la place d'Italie, des Gobelins, de la Butte-aux-Cailles et des voies environnantes. A six heures, il rétrograda sur la place d'Enfer, d'où il fut dirigé sur la route de Choisy et la route d'Ivry pour y passer la nuit.

Le 26, à deux heures et demie du matin, il allait cerner l'église Notre-Dame-de-la-Gare, où le général espérait surprendre Dombrowski avec 4 ou 500 insurgés ; mais ceux-ci avaient pris la fuite, abandonnant canons et mitrailleuses. L'église et ses abords furent occupés militairement ; le Régiment commença le désarmement du quartier et fit dans les maisons des perquisitions minutieuses qui amenèrent l'arrestation de plusieurs officiers fédérés.

Le 27, à deux heures du soir, le 114ᵉ quitta ce quartier pour aller occuper l'école de dressage, le bastion 82, la gare d'Orsay, la mairie du XIVᵉ arrondissement, l'asile de Bienfaisance et la rue de la Tombe-Issoire. A son arrivée, il eut à fournir de nombreux postes pour la sécurité du quartier et du parc d'artillerie, dépôt des munitions de l'insurrection.

*
* *

Opérations du 1ᵉʳ bataillon

Pendant que les 2ᵉ et 3ᵉ bataillons agissaient dans l'intérieur de Paris, le 1ᵉʳ, resté à Bagneux, avait pour mission de s'opposer à la fuite des insurgés.

Le 25 mai, le 1ᵉʳ bataillon reçut l'ordre d'aller arracher aux fédérés les positions dont ils étaient encore maîtres à l'extérieur de la ville. Le capitaine *Puig*, qui commandait le bataillon, envoya le lieutenant *Monna* reconnaître la redoute des Hautes-Bruyères qu'il trouva occupée par la cavalerie de l'armée de Versailles ; se dirigeant alors sur le fort de Bicêtre que l'ennemi était en train d'évacuer, cet officier lança sa section sur le pont-levis défendu par une vingtaine d'insurgés qu'il tua ou fit prisonniers et arbora le drapeau tricolore à la place où flottait le drapeau rouge.

Le 1ᵉʳ bataillon occupa ensuite, avec un bataillon du 85ᵉ qui opérait avec lui, toutes les positions environnantes abandonnées par les insurgés, et procéda au désarmement de Villejuif, Gentilly et Ivry.

Le 3 juin, le 1ᵉʳ bataillon rejoignit à Paris les deux autres bataillons, et, en l'absence du colonel *Boulanger* blessé, le lieutenant-colonel *Deloffre* prit le commandement du Régiment.

Le 6 juin, le 114ᵉ occupa les bastions 84, 87, 89, 90 et 91 jusqu'au 5 juillet, jour où il fut caserné place du Château-d'Eau dans les Magasins-Réunis qu'il quitta le 2 septembre pour aller occuper les baraquements du Champ-de-Mars.

*
* *

Par décret du 24 juin, le colonel *Boulanger* fut nommé commandeur de la Légion d'honneur, 4 officiers furent faits chevaliers et 9 médailles militaires vinrent récompenser les hommes de troupe.

La Commune avait coûté au Régiment 2 officiers et 26 hommes de troupe tués, 15 officiers et 83 hommes blessés.

CHAPITRE VI

FIN DE L'ANNÉE 1871 & ANNÉES SUIVANTES

Le 20 septembre 1871, cinq détachements de 25 hommes chacun, commandés par des lieutenants et sous-lieutenants placés sous le commandement supérieur du capitaine *Bougaud*, allèrent recevoir des troupes allemandes les forts de Romainville, d'Aubervilliers, de l'Est, de la Double-Couronne et de la Briche.

Le 30 septembre, le 114° quitta les baraquements du Champ-de-Mars pour aller tenir garnison à Saint-Denis, au fort de l'Est et au fort de la Briche.

Le 23 octobre, la 4° compagnie du 1ᵉʳ bataillon, sous les ordres du capitaine *Héraux* part en chemin de fer pour procéder à la remise de la place de Soissons par les Allemands. Le 25, la 5° compagnie du 1ᵉʳ bataillon, commandée par le capitaine *Isnardon*, va recevoir de la même manière la place de Laon. Ces deux compagnies rentrent le 18 novembre.

* *

Le 12 décembre, le colonel *Boulanger*, ayant reçu notification que, par décision du 25 novembre, la commission de révision des grades, instituée par la loi du 8 août 1871, l'avait remis lieutenant-colonel, remet le commandement du Régiment au lieutenant-colonel *Deloffre*.

Le 26 décembre, le colonel *de Bonnet de Maureilhan de Polhès*, nommé colonel du 114ᵉ par décret du 14 décembre, prend le commandement du Régiment.

*
* *

Année 1872

Le 17 mars 1872, le 4ᵉ bataillon et le dépôt sont dirigés sur Compiègne.

Le 28 septembre, le Régiment quitte Saint-Denis et s'installe le jour même dans les baraquements du camp de Satory.

*
* *

Année 1873

Le 1ᵉʳ bataillon est détaché à Compiègne le 1ᵉʳ août 1873 pour aller renforcer la garnison ; il rejoint le camp de Satory le 6 septembre.

En exécution de la loi sur l'organisation de l'armée, du 24 juillet 1873, un premier décret du 28 septembre place le 114ᵉ à la 34ᵉ brigade (général Nayral), 17ᵉ division (général Metman), 9ᵉ corps d'armée (général de Cissey), dont le quartier général est à Tours.

Un deuxième décret, du 29 septembre, dissout l'armée de Versailles.

Un troisième décret, du même jour, crée 18 régiments nouveaux (127 à 144) et le 114ᵉ est appelé à concourir, avec trois de ses compagnies, à la formation du 135ᵉ au camp de Châlons.

Le 13 octobre, il est procédé à un nouveau tiercement ; le Régiment est formé à 3 bataillons de 6 compagnies, plus un 4ᵉ bataillon de 3 compagnies, composées de demi-cadres formant le dépôt.

L'état-major et les deux premiers bataillons reçoivent pour destination Sedan ; ils quittent Satory en deux colonnes les 14 et 15 octobre et arrivent dans leur nouvelle garnison les 26 et 27 octobre.

Le 3ᵉ bataillon et le dépôt, commandés par le lieutenant-colonel, reçoivent pour destination Châtellerault. Le 3ᵉ bataillon et les 2ᵉ et 3ᵉ compagnies du 4ᵉ bataillon quittent Satory le 15 octobre et arrivent à Châtellerault le 26 ; les autres compagnies partent de Compiègne en chemin de fer le 18 et débarquent à Châtellerault le 19 octobre.

Les 19 et 20 novembre, le 2º bataillon et le 1ᵉʳ, avec l'état-major, quittent Sedan pour Montmédy, où ils arrivent les 20 et 21.

* *

Année 1874

Le 7 avril 1874, le 2º bataillon part de Montmédy pour aller tenir garnison à Longwy, où il arrive le 8.

Par suite de l'insuffisance du casernement de Châtellerault, les 1ʳᵉ et 2º compagnies du 3º bataillon se rendent à Bressuire par chemin de fer le 3 juillet.

En exécution de l'ordre du Ministre de la guerre, en date du 15 décembre, le 3º bataillon et le dépôt sont transférés à Parthenay. La garnison de Bressuire y arrive le 24, celle de Châtellerault le 25.

* *

Année 1875

Le 15 mars 1875, l'état-major et les 1ᵉʳ et 2º bataillons quittent Montmédy et Longwy et vont occuper les forts de Noisy-le-Sec et Romainville, dont ils prennent possession le 16.

Au commencement d'avril, le Régiment est réorganisé à quatre bataillons de quatre compagnies et deux compagnies de dépôt, conformément à la loi du 13 mars et à la circulaire ministérielle du 30 mars 1875.

Les trois bataillons actifs restent stationnés aux forts de Romainville et de Noisy, le 4º bataillon et le dépôt à Parthenay.

Le 30 septembre, l'état-major et les 1ᵉʳ, 2º et 3º bataillons sont envoyés au camp de Saint-Germain ; 3 compagnies sont détachées à Poissy jusqu'au 31 décembre.

* *

Année 1876

Trois compagnies sont de nouveau détachées à Poissy du 1ᵉʳ avril au 30 septembre.

Le 4 mai, l'état-major et deux bataillons quittent le camp de Saint-Germain et viennent occuper à Paris le casernement laissé libre par le départ du 64°. La dernière compagnie du bataillon détaché à Poissy reste au camp.

Le 30 septembre, le bataillon qui occupe Poissy et le camp de Saint-Germain se rend à Paris où il s'installe aux bastions 8 et 10.

* *

Année 1877

Le 31 mai 1877, le 4° bataillon part de Parthenay pour aller tenir garnison à Paris à la caserne de l'Ourcine.

Les bataillons actifs quittent le gouvernement militaire de Paris les 1er et 2 juin ; l'état-major et le 1er bataillon arrivent à Saint-Maixent le 16 juin, les 2° et 3° bataillons à Parthenay et deux compagnies du 2° bataillon à Thouars le 16 juin également.

Il serait sans intérêt de noter tous les changements de garnison des différents bataillons ; les renseignements généraux suivants suffiront.

* *

Année 1878

Le 1er février 1878, le bataillon qui détache deux compagnies à Thouars se rend de Parthenay à Saint-Maixent. Ces deux compagnies rejoignent elles-mêmes la portion principale le 1er avril et le Régiment cesse de fournir la garde de la maison de force.

Le 114° se trouve donc occuper désormais les garnisons suivantes :

Portion principale à Saint-Maixent : état-major et 2 bataillons ;

Portion centrale à Parthenay : section hors-rang, un bataillon et le dépôt ;

Gouvernement militaire de Paris : un bataillon.

* *

Année 1880

Le 3 février, le colonel *de Polhès* est nommé commandeur de la Légion d'honneur.

Le 14 juillet, une députation, composée du colonel, d'un capitaine, du sous-lieutenant porte-drapeau *Schmitt*, d'un sous-officier et de deux soldats, va recevoir des mains du Président de la République le nouveau drapeau du Régiment.

*
* *

Année 1881

Afin de permettre l'installation provisoire de l'Ecole d'infanterie à Saint-Maixent, le casernement étant insuffisant, 2 compagnies sont détachées à Bressuire le 16 février 1881.

Par décret du 18 février 1881, *M. Antonini*, lieutenant-colonel au 108ᵉ, est promu au grade de colonel et désigné pour commander le 114ᵉ, en remplacement du colonel *de Polhès*, admis à la pension de retraite.

Le détachement de Bressuire est porté à un bataillon le 25 mars 1881.

Le 22 juillet de la même année, le bataillon de Paris (2ᵉ) part pour Lyon d'où il sera postérieurement dirigé sur la Tunisie. Ce qui concerne ce bataillon fait l'objet d'un paragraphe spécial.

*
* *

Année 1882

Le 21 janvier 1882, le Régiment à la douleur de perdre son chef, le colonel *Antonini*. Le 114ᵉ prend le deuil jusqu'à la nomination, par décret du 23 février, du colonel *Durrmeyer*.

EXPÉDITION DE TUNISIE

du 22 juillet 1881 au 23 février 1883

Année 1881

Le 22 juillet 1881, à onze heures quarante du soir, le 2ᵉ bataillon du 114ᵉ s'embarque à la gare de Lyon et s'installe le 23 au camp de Sathonay avec les bataillons du 118ᵉ et du 25ᵉ, venus de Paris comme lui. Ces trois bataillons, réunis sous le commandement du lieutenant-colonel *Brault* du 93°, forment le 2° régiment de marche destiné à être envoyé en Tunisie.

Le 114° est renforcé à son arrivée à Sathonay par un détachement de 192 hommes venus de Saint-Maixent.

Le 30 août, le bataillon est dirigé sur Toulon ; le 1er septembre, il est embarqué sur l'*Intrépide* avec le bataillon du 118° et un bataillon du 80°, qui a remplacé celui du 25° ou 2° régiment de marche, et quitte le port de Toulon à l'effectif de 15 officiers et 483 hommes de troupe, sous le commandement du chef de bataillon *Gondar* (1).

Le bataillon débarque à la Goulette le 4 septembre, à une heure du soir, y laisse une compagnie et part à deux heures et demie pour le camp de Carthage. A dater de ce jour, il fait partie de la brigade de la Manouba, commandée par le général Maurand, et de la division d'occupation de Tunisie, sous les ordres du général Japy.

Le 11 septembre, il se rend à la Goulette où il rejoint la compagnie qui y était restée. Le lendemain il est dirigé en entier sur le Foudouck. L'état-major et les deux premières compagnies occupent le bordj, les deux autres s'installent au Caravansérail.

Le bataillon est employé à mettre en état de défense la position du Foudouck qui est protégée contre les entreprises des bandes et des maraudeurs par les troupes de la colonne Corréard établies à Hammam-Lif et mise en communication avec la Manouba et la Goulette par un poste du 11° hussards qui se tient au bordj. A dater du 19, en raison du départ de la colonne Corréard pour Zaghouan, le bataillon fournit une section de grand-garde au sud-ouest du bordj.

Le 21, les grand-gardes du 118°, établies à Hamman-Lif, ayant signalé l'établissement d'un camp à 6 kilomètres au sud du Foudouck, le chef de bataillon, sur l'ordre du lieutenant-colonel *Brault*, part à cinq heures trente du matin avec le peloton de hussards et les 2° et 4° compagnies pour reconnaître la force et la composition de ces troupes suspectes. Il constate que le camp

(1) Voir à la fin du volume la composition du cadre de ce bataillon.

a été levé pendant la nuit et apprend qu'il était composé de troupes tunisiennes.

Le 25, le bataillon du 114° relève à Hamman-Lif le bataillon du 118°. Il revient le 28 au Foudouck.

Le 3 octobre, le sous-lieutenant *Durrieu* amène de Saint-Maixent un détachement de 59 hommes de troupe, dont 3 sous-officiers. Le bataillon reste au Foudouck jusqu'au 9.

*
* *

A la suite du traité conclu le 12 mai 1881, sur la demande du Bey, les troupes françaises n'étaient pas entrées à Tunis. Mais la présence de nos troupes devenant nécessaire dans cette ville (les agents du Bey laissaient passer des armes aux insurgés), le gouvernement venait de décider d'occuper la capitale de la régence et les forts de Sidi-Ben-Hassein et de Fil-Fil.

Sur l'ordre du général Logerot, le bataillon du 114° quitte le camp du Foudouck le 10 octobre, à six heures du matin, et marche sur Tunis avec un peloton de hussards et deux sections d'artillerie arrivés la veille au bordj avec le général Maurand. Les 1re et 4e compagnies vont s'établir au camp du Belvédère, à la gauche du 46°, les 2e et 3e compagnies, avec une section d'artillerie chacune, vont occuper, la 2e, le fort de Fil-Fil, la 3e, le fort de Sidi-Ben-Hassein.

Le 11 octobre, les 1re et 4e compagnies vont s'installer à la Goulette.

Le 16, un peloton de la 4e compagnie, sur l'ordre du général Japy, va s'établir à l'entrée du port de la Goulette près d'un pont de bateaux situé à 3 kilomètres du camp. Le même jour, les 2e et 3e compagnies quittent les forts et vont se placer en grand'garde, la 2e à Radhès, la 3e au Foudouck. Le 21, la 4e compagnie relève au Foudouck la 3e qui remplace elle-même à Rhadès la 2e rentrant à la Goulette. Nous ne noterons plus ces relèvements de compagnies qui n'ont aucun intérêt.

Le 23, le lieutenant *Legal* est détaché avec un sous-officier, un caporal et 4 hommes à la compagnie franche dite de la Manouba.

A dater du 7 novembre, les compagnies détachées au Foudouck et à Rhadès reçoivent l'ordre de faire reconnaître tous les jours les abords de ces postes jusqu'à l'Oued-Milian. A partir du 11, le relèvement de ces compagnies se fait tous les cinq jours.

Le poste du Foudouck cesse d'être occupé le 10 décembre. Le 18 le poste de Rhadès est augmenté d'un peloton.

*
* *

Année 1882

Le 11 août 1882, le poste de Rhadès est réduit à une compagnie. Le bataillon cesse de fournir ce poste le 6 octobre.

En exécution d'un ordre du général de division commandant la division du Nord, en date du 4 octobre, le 2ᵉ bataillon part de Tunis le 9 à 6 heures du matin pour se rendre à Aïn-Draham avec un effectif de 9 officiers, 292 hommes de troupe, 6 chevaux et 12 mulets. Il suit l'itinéraire suivant : Bordj-el-Amri, Medjez-el-Bab, Oued-Larghua, Béja (séjour), El-Gueriah, Souck-el-Tuin, Aïn-Draham où il arrive le 17.

Le 22 octobre, un poste, d'un caporal et 12 hommes, se rend pour quinze jours à Féetchkala ; il rentre le 5 novembre.

Le 6 novembre, le poste dit du Four-à-chaux, situé à 5 kilomètres d'Aïn-Draham sur la route de Fernana, est occupé par 1 sergent, 1 caporal et 20 hommes qui relèvent un détachement du 29ᵉ bataillon de chasseurs.

Le 11 décembre, le reste de la 4ᵉ compagnie, qui fournissait à cette époque le poste du Four-à-Chaux, va occuper le camp de la Santé. Le 31, ce détachement se rend au Méridy et campe au Four-à-Chaux où toute la compagnie se trouve momentanément réunie.

*
* *

Année 1883

Le 12 janvier, les 1ʳᵉ et 2ᵉ compagnies, sous les ordres du chef de bataillon, partent d'Aïn-Draham et se dirigent sur Tabarka où elles arrivent le même jour. Elles campent au bordj Djedit.

Le 23, le chef de bataillon *Gondar*, commandant le bataillon du 114ᵉ, prend le commandement du poste de Tabarka.

Le 26 janvier, le bataillon est informé par un ordre général qu'il sera prochainement rapatrié.

9

Le 2 février, un télégramme du général commandant la subdivision, fait connaître que le bataillon du 114ᵉ quittera Tabarka le 11 pour se rendre par voie de terre à Souk-el-Arba, d'où il sera dirigé sur Tunis par chemin de fer, puis sur la Goulette où il s'embarquera le 17.

Le 11 février, les 1ʳᵒ et 2ᵒ compagnies partent de Tabarka à sept heures et arrivent à Oum-Teboul (Constantine) à trois heures ; elles sont rejointes le 12 à Aïn-Draham, par les 3ᵒ et 4ᵒ. Le 13, le bataillon campe à Fernana ; le 14, il arrive à Souk-El-Arba. Le 15, il est embarqué en chemin de fer pour Tunis, où il descend à huit heures du soir.

Le lendemain 16, le bataillon se rend à la Goulette et s'embarque le 17, à six heures du soir, sur le paquebot le *Bastia* de la Compagnie Transatlantique, à l'effectif de 7 officiers, 212 hommes de troupes et 6 chevaux. Le 19, à neuf heures et demie du matin, le *Bastia* accoste à Marseille et le bataillon va occuper la caserne des Incurables. Le 21, à quatre heures cinquante du matin, un train spécial l'emporte jusqu'à Lyon, où il passe la nuit, et le débarque à Paris le 23, à sept heures du matin. Il est immédiatement dirigé sur le fort de Romainville, à l'exception de la 3ᵒ compagnie qui va occuper les forts de Rosny et de Noisy.

A dater de ce jour, le 2ᵒ bataillon du 114ᵒ est rattaché à la 13ᵒ brigade de la 7ᵒ division.

ANNÉES 1883 ET SUIVANTES

La garnison de Bressuire est supprimée le 2 juillet 1883 ; le bataillon rentre à Saint-Maixent.

Par décret du 28 décembre 1884, le colonel *Durrmeyer* est nommé officier de la Légion d'honneur.

Le 20 février 1886, deux compagnies de Parthenay sont transportées par chemin de fer à Thouars où des troubles se sont produits à la maison de force. Elles rentrent le 23.

Le 20 septembre 1887, à l'issue des grandes manœuvres, le Régiment laisse deux compagnies à Thouars ; le 114ᵒ fournit encore aujourd'hui ce détachement.

Le 1er octobre 1887, à la création de 18 régiments régionaux, le bataillon de Paris (3e) passe au 153e ; par suite, le 4e bataillon du 114e devient 3e.

Par décret du 26 décembre 1887, le colonel *Durrmeyer* est promu au grade de général de brigade. Le lieutenant-colonel *du Bouzet* prend le commandement du Régiment.

Le colonel *Crétin*, nommé au commandement du 114e par décision du 4 janvier 1888, étant détaché au Tonkin comme chef d'état-major des troupes de l'Indo-Chine, ne paraît pas au Régiment.

Par décret du 5 octobre 1888, le colonel *Sorlin* est nommé au commandement du 114e.

Par décret du 30 décembre 1890, le colonel *Sorlin* est nommé commandeur de la Légion d'honneur. Atteint par la limite d'âge, cet officier supérieur remet le commandement du Régiment au lieutenant-colonel *de Serres* le 4 juillet 1891.

Actuellement (15 juillet 1892), le 114e est sous les ordres du colonel *Bertrand* depuis le 13 juillet 1891.

*
* *

Depuis la mémorable trouée de Haguenau jusqu'aux sanglantes journées de Champigny, il est peu de faits d'armes dont le 114e n'ait le droit de s'enorgueillir et dont le souvenir ne soit digne d'être perpétué. Chaque année, le 14 Mai, jour anniversaire de la prise de Lérida, le Régiment célèbre la fête de son Drapeau : les murs de ses casernes disparaissent sous les feuillages et les trophées aux trois couleurs ; réveil en musique, revue et défilé devant l'emblème de la Patrie, jeux, banquets, retraite aux flambeaux, illuminations....., chacun met tout son zèle à donner à cette solennité l'éclat qu'elle mérite.

Perri, Mabire, Roland, Ronfort, Laplane, Arbod, Mowat, Jourde, Tritsch et tant d'autres morts au champ d'honneur, sont les héros de cette belle journée, où tout le monde peut lire sur le visage du moindre troupier du 114e :

« *Fier de son passé, confiant dans l'avenir.* »

PERTES ÉPROUVÉES PAR LE RÉGIMENT

PENDANT LE SIÈGE DE PARIS ET PENDANT LA COMMUNE

NOMS.	GRADES.	OFFICIERS			TROUPE		
		tués.	blessés.	disparus.	tués.	blessés.	disparus.

Retraite de Mézières
(1ᵉʳ au 7 septembre 1870)

Troupe.....		»	»	»	1	10	108

Combat
du 30 septembre 1870

Troupe.....		»	»	»	»	5	»

Combat de Châtillon
(13 octobre 1870)

NOMS.	GRADES.	tués.	blessés.	disparus.	tués.	blessés.	disparus.
Vanche........	Lieutenant-colonel	»	1	»	»	»	»
Arnaud........	Capitaine	1	»	»	»	»	»
Pallu..........	Lieutenant	»	1	»	»	»	»
Bougaud.......	—	»	1	»	»	»	»
Seybel........	Sous-lieutenant	1	»	»	»	»	»
Troupe.....		»	»	»	24	70	5
Totaux......................		2	3	»	24	70	5

Bataille de Champigny
(30 novembre—2 décembre 1870)

NOMS.	GRADES.	tués.	blessés.	disparus.	tués.	blessés.	disparus.
Boulanger......	Lieutenant-colonel	»	1	»	»	»	»
Mowat-Bedfort..	Chef de bataillon	1	»	»	»	»	»
Pallu..........	Capitaine	1	»	»	»	»	»
Besnus........	—	1	»	»	»	»	»
Diem..........	—	1	»	»	»	»	»
Faurite.......	—	1	»	»	»	»	»
Dumont........	Capitaine-adjt-major	»	1	»	»	»	»
Marcel.........	—	»	1	»	»	»	»
Charpentier....	Capitaine	»	1	»	»	»	»
Bougaud.......	—	»	1	»	»	»	»
Isnardon.......	—	»	1	»	»	»	»
Gerriet........	—	»	1	»	»	»	»

NOMS.	GRADES.	OFFICIERS			TROUPE		
		tués.	blessés.	disparus.	tués.	blessés.	disparus.
Noël............	Capitaine.	»	1	»	»	»	»
Alliey..........	—	»	1	»	»	»	»
Lapierre.......	—	»	1	»	»	»	»
Secondez.......	Lieutenant	1	»	»	»	»	»
Cazal..........	—	1	»	»	»	»	»
Leclerc........	—	1	»	»	»	»	»
Barbier........	—	»	1	»	»	»	»
Bleton.........	—	»	1	»	»	»	»
Soudée........	—	»	1	»	»	»	»
Rogier.........	—	»	1	»	»	»	»
Dulphy........	—	»	1	»	»	»	»
Ferry..........	Sous-lieutenant	»	1	»	»	»	»
Lion...........	—	»	1	»	»	»	»
Millot.........	—	»	1	»	»	»	»
Tritsch........	Lieutenant	»	»	1	»	»	»
Troupe.....		»	»	»	35	325	154
Totaux.		8	18	1	35	325	154

Attaque du Bourget

(21 décembre 1870)

Troupe.....		»	»	»	1	»	»

Ferme de Groslay

(19 janvier 1871)

Chantebien.....	Capitaine	»	»	1	»	»	»
Rey...........	Lieutenant	»	»	1	»	»	»
Rousselet.......	—	»	»	1	»	»	»
Fesquet........	Sous-lieutenant	»	»	1	»	»	»
Jacob..........	—	»	»	1	»	»	»
Troupe.....		»	»	»	1	8	135
Totaux.		»	»	5	1	8	135

Récapitulation des pertes éprouvées pendant le siège de Paris.

10	21	6	61	418	402
	37			881	

NOMS	GRADES	OFFICIERS			TROUPE		
		tués	blessés	disparus	tués	blessés	disparus

Journées des 2 et 3 avril 1871

| Troupe ..... | | » | » | » | 1 | 1 | » |

Affaire du 12 avril 1871

Crépeaux	Lieutenant	»	1	»	»	»	»
Misset	Sous-lieutenant	»	1	»	»	»	»
Troupe		»	»	»	1	6	»
Totaux		»	2	»	1	6	»

Journée du 28 au 29 avril 1871

| Troupe ..... | | » | » | » | 1 | 7 | » |

Reconnaissance de Bourg-la-Reine

(2 mai 1871)

Tritsch	Lieutenant	»	1	»	»	»	»
Troupe		»	»	»	»	6	»
Totaux		»	1	»	»	6	»

Bombardement de Bourg-la-Reine

(6 mai 1871)

Delville	Sous-lieutenant	»	1	»	»	»	»
Troupe		»	»	»	»	3	»
Totaux		»	1	»	»	3	»

Coup de main du 11 mai

| Troupe ..... | | » | » | » | 1 | 7 | » |

Gardes de tranchées du 12 au 17 mai.

| Troupe ..... | | » | » | » | » | 4 | » |

NOMS	GRADES	OFFICIERS			TROUPE		
		tués	blessés	disparus	tués	blessés	disparus

Coup de main du 18 mai 1871

NOMS	GRADES	tués	blessés	disparus	tués	blessés	disparus
Puig............	Capitaine	»	1	»	»	»	»
Goudmant......	—	»	1	»	»	»	»
Lorette.........	Lieutenant	»	1	»	»	»	»
Troupe.....		»	»	»	4	6	»
Totaux.		»	3	»	4	6	»

Tranchées le 19 mai

NOMS		tués	blessés	disparus	tués	blessés	disparus
Troupe		»	»	»	2	»	»

Mouvement offensif sur Montrouge

(21 mai)

NOMS		tués	blessés	disparus	tués	blessés	disparus
Troupe		»	»	»	»	2	»

Cimetière Montparnasse

(22 mai)

NOMS	GRADES	tués	blessés	disparus	tués	blessés	disparus
Tritsch.........	Lieutenant	»	1	»	»	»	»
Troupe		»	»	»	»	1	»
Totaux.		»	1	»	»	1	»

Journée du 23 mai 1871

NOMS	GRADES	tués	blessés	disparus	tués	blessés	disparus
Trilha..........	Capitaine	»	1	»	»	»	»
Heinrich........	—	»	1	»	»	»	»
Marchand.......	Sous-lieutenant	1	»	»	»	»	»
Troupe.....		»	»	»	6	9	1
Totaux.		1	2	»	6	9	1

Prise du Panthéon

(24 mai 1871)

NOMS	GRADES	tués	blessés	disparus	tués	blessés	disparus
Boulanger.......	Colonel	»	1	»	»	»	»
Brunault........	Capitaine	»	1	»	»	»	»
Kerdrain........	Lieutenant	»	1	»	»	»	»

NOMS	GRADES	OFFICIERS			TROUPE		
		tués	blessés	disparus	tués	blessés	disparus
Crettier.........	Sous-lieutenant	»	1	»	»	»	»
Misset..........	—	»	1	»	»	»	»
Louart.........	—	1	»	»	»	»	»
Troupe.....		»	»	»	10	31	2
Totaux................		1	5	»	10	31	2

Récapitulation des pertes éprouvées pendant la Commune de Paris.

2	15	»	26	83	3
17			112		

OFFICIERS ET HOMMES DE TROUPE

AYANT ÉTÉ CITÉS A L'ORDRE DE L'ARMÉE, DE LA DIVISION
OU DE LA BRIGADE,
PENDANT LE SIÈGE DE PARIS OU LA COMMUNE

Affaire de Châtillon

(13 octobre 1870)

Citations à l'ordre de l'Armée

THIÉBAULT (Louis), soldat, blessé au combat de Châtillon, le 13 octobre 1870 ; a néanmoins marché à l'ennemi et n'a cessé de combattre que sur l'ordre de ses chefs.

BOUDIER (Pierre), soldat, toujours en tête de sa compagnie à l'attaque des barricades de Châtillon, le 13 octobre 1870 ; a donné aux jeunes soldats l'exemple de la bravoure et du sang-froid.

*
* *

Bataille de Champigny

(30 novembre—2 décembre 1870)

Citations à l'ordre de l'Armée

M. Mowat dit Bedfort, chef de bataillon, a commandé son bataillon de la façon la plus brillante, le 30 novembre, jusqu'au moment où il a reçu une blessure à laquelle il a succombé le lendemain.

M. Pallu, capitaine, a fait l'admiration du Régiment en entraînant sa compagnie et en l'électrisant par son exemple, a été tué raide.

Barron, sergent, cité pour sa bravoure et son sang-froid. Toujours le premier à l'attaque et le dernier à la retraite.

Zurcher, sergent, d'une bravoure et d'un élan remarquables ; blessé le 30 novembre ; avait déjà été blessé le 13 octobre au combat de Châtillon.

*
* *

Combat du 12 au 13 avril 1871

Citations à l'ordre de la brigade

MM. Goudemant et Lemonnier, capitaines ; Baron, sergent-major ; Bise, sergent ; Rivoal, caporal ; et Roudier, soldat.

*
* *

Reconnaissance de Bourg-la-Reine

(2 mai 1871)

Citations à l'ordre de la division

M. Tritsch, lieutenant ; Rivoal, caporal.

*
* *

Coup de main du 11 mai 1871

Citations à l'ordre du corps d'armée

M. le colonel Boulanger qui a dirigé le mouvement ; MM. les

capitaines LEMONNIER, BOUGAUD, QUINETTE DE ROCHEMONT ; M. le lieutenant TRITSCH ; M. le sous-lieutenant LE GALL. Les sergents BOULO, RANDON, MOUCHEL, GLAYAL ; les caporaux RIVOAL, DARVES, POULAIN, POPIE ; les soldats POUECH, SUBERWICH, SALOMON, VERRIÈS, NAY, PAUL.

*
* *

Coup de main du 18 mai 1871

Citations à l'ordre de la division

M. le colonel BOULANGER ; MM. les capitaines GOUDEMANT, PUIG, ISNARDON, HÉRAUX, BOUDÈLE ; MM. les lieutenants TRITSCH, LORETTE, LEJEUNE ; l'adjudant BARON ; le sergent-major JAMINET ; les sergents TROUILLOT, EYSSERIC, DELARUE ; les caporaux RIVOAL, PAULAIN, BARRÉ ; les soldats SERAIN, PAUL, MOQUILLON, OSTRES, CALIRON, MOREAU.

RÉCOMPENSES

OFFICIERS, SOUS-OFFICIERS ET SOLDATS

DÉCORÉS DE LA LÉGION D'HONNEUR OU DE LA MÉDAILLE MILITAIRE PENDANT LA CAMPAGNE DE 1870-1871

Retraite de Mézières

Médaille militaire : PETIT, sergent.

*
* *

Affaire de Châtillon

(13 octobre 1870)

Chevaliers de la Légion d'honneur : MM. SWINEY, chef de bataillon ; ARNAULT, capitaine ; SEYBEL, sous-lieutenant ; VIVES, sergent.

Médaille militaire : VAUCLAIR, sergent-major ; BARRON, ZURCHER, BIZE, sergents ; VEGNÈRE, caporal ; COIFFE, ALBION, THIÉBAULT, MAILLET, COLDAS, DURET, LAPLACE, VERDOUX, soldats.

Bataille de Champigny
(30 novembre — 2 décembre 1870)

Officiers de la Légion d'honneur : MM. BOULANGER, lieutenant-colonel ; ISNARDON et HÉRAUX, capitaines.

Chevaliers de la Légion d'honneur : MM. NOEL, BOUGAUD, HAYOT, ALLIEY, GERRIET, QUINETTE DE ROCHEMONT, GROFFAL, BESNUS, DUMONT, capitaines ; MABILLAT, médecin-major ; BARBIER, SECONDEZ, lieutenants ; BRONNER, sergent-major ; COUTIÈRE, PARAVY, PRÉAUX, FRÉJOZ, soldats.

Médaille militaire : DEROUET, sergent-major ; PHILIPPON, BOUTILLON, CABANIS, LABADO, GUTH, GALTIER, sergents ; BELY, sergent-fourrier ; AMBLARD, caporal ; JOUANNEN, RABOISSON, CHANONY, AUDON, GOUANNEN, soldats.

Commune
Décret du 9 avril 1871

Officier de la Légion d'honneur : M. THOMASSIN DE MONTBEL, chef de bataillon.

Chevaliers de la Légion d'honneur : MM. BRUNAULT et MARCEL, capitaines ; MIDI, sergent.

Médaille militaire : SALIÈRES, adjudant ; ESCUDIÉ, sergent-major ; JOURDE, CARRIS, BONNOT, BECK, sergents.

Décret du 12 avril 1871

Chevalier de la Légion d'honneur : JOURDE, sergent.

Décret du 1er mai 1871

Chevalier de la Légion d'honneur : M. GOUDEMANT, capitaine.

Médaille militaire : COUPA, BARON, sergents-majors; BISE, COSTET, ESTÉRIE, sergents; ROUDIER, soldat.

Décret du 4 mai 1871

Chevalier de la Légion d'honneur : M. CRÉPEAUX, lieutenant.

Décret du 24 juin 1871

Commandeur de la Légion d'honneur : M. BOULANGER, colonel.

Chevaliers de la Légion d'honneur : MM. HEINRICH, TRILHA, CHARPENTIER, capitaines; TRITSCH, lieutenant.

Médaille militaire : LARCHER, adjudant; TOURNIER, sergent-major; BONVALET, PASCAL, sergents; RIVOAL, caporal; PAUL, MOQUILLON, DELARUE, BLAZY, soldats.

NOMINATIONS DANS LA LÉGION D'HONNEUR

DEPUIS LE 1er SEPTEMBRE 1871

GRADES dans la Légion d'honneur.	NOMS.	GRADES.	DATE du décret.
	MM.		
Officier.	POUEY.	Chef de bataillon.	2 sept. 1871.
Chevalier.	BLETON.	Lieutenant.	22 mars 1872.
—	SOUDÉE.	—	—
—	PETIT.	Trésorier.	20 nov. 1872.
—	BARON.	Adjudant.	22 mai 1873.
—	SIMON.	Lieutenant.	21 avril 1874.
—	MAIRE.	—	3 août 1875.
—	De Gaillard de Béarn-Brassac.	Capitaine.	18 juillet 1876.
Officier.	JAYET.	Chef de bataillon.	11 janv. 1876.
Chevalier.	BELTZ.	Méd.-major de 2e cl.	7 août 1877.
—	BÉTEILLE.	Capitaine.	—
—	HENSIENNE.	Chef de musique.	30 juillet 1878.
—	LE RENARD.	Capitaine d'habil.	12 juillet 1879.
—	LE BBETON.	Capitaine.	3 fév. 1880.
Commandeur.	DE POLHÈS.	Colonel.	—
Chevalier.	VIAUD,	Capitaine.	12 juillet 1880.
—	JAUNEZ.	—	13 juin 1880.
—	HUIN.	—	29 déc. 1881.
Officier.	DURRMEYER.	Colonel.	27 déc. 1884.
Chevalier.	DEBIZE.	Capitaine.	29 déc. 1882.
—	DECOURBE.	—	7 juillet 1884.
—	PRUDHOMME.	—	27 déc. 1884.
—	COUSSAUD-DULLIÉ	—	7 juillet 1885.
—	CLAUSSE.	—	28 déc. 1885.
—	LECAT.	Chef de bataillon.	5 juillet 1888.
—	PONS.	Capitaine.	4 mai 1889.
—	HAILLOT.	—	—
—	GUIMBAL.	—	—
Officier.	SACRESTE.	Major.	8 juillet 1889.
Chevalier.	SERVANT.	Capit.-adj.-major.	—
—	DUMONT.	Capitaine d'habil.	27 juillet 1889.
Officier.	DU BOUZET.	Lieutenant-colonel	12 juillet 1890.
Chevalier.	PRÉVAUD.	Capit.-adj.-major.	—
Commandeur.	SORLIN.	Colonel.	30 déc. 1890.
Chevalier.	DELASTRE.	Capitaine.	11 juillet 1891.
—	François-Arlincourt.	—	9 juillet 1892.

SOUS-OFFICIERS, CAPORAUX ET SOLDATS

DÉCORÉS DE LA MÉDAILLE MILITAIRE DEPUIS LE 1ᵉʳ SEPTEMBRE
1871

NOMS.	GRADES.	DATE DU DÉCRET.
BEHRINGER.	Caporal-tambour.	2 septembre 1871.
RICHON.	Caporal.	28 octobre 1871.
CHEMIÈRE.	Soldat.	—
ROGÉ.	Sergent.	16 novembre 1871.
DUPERRIER.	—	—
TRICHOT.	Caporal.	—
BONVALET.	Soldat.	—
LÉANDRE.	—	—
BARBIÈRE.	—	—
GASCON.	—	—
ALLIÉ.	—	—
MASSON.	—	—
BORDET.	Caporal-tambour.	22 mars 1872.
NOGUES.	Soldat.	—
DESALINES.	—	—
BORELLY.	—	—
PRÊTRE.	—	20 novembre 1872.
MERCIER.	—	—
LAMASOU.	—	—
NAY.	—	21 avril 1874.
GIBERT.	—	20 août 1874.
GUINET.	Sergent.	3 février 1875.
MAGNAND.	Caporal-sapeur.	18 juillet 1876.
MAITREPIERRE.	Chef-armurier.	7 août 1877.
IMBERT.	Soldat.	30 juillet 1878.
WIBER.		12 juillet 1879.
NEEFF.	Sergent.	5 décembre 1882.
RAMEL.	Soldat.	23 février 1884.
TESSIER.	Tambour-major.	7 juillet 1884.
JOASSARD.	Sergent.	27 décembre 1884.
CASANOVA.	Chef-armurier.	5 juillet 1887.
DUGAST.	Adjudant.	8 octobre 1888.
DEBEAUPUIS.	—	15 mars 1889.
HOLVEC.	—	27 juillet 1889.
LAUMAILLÉ.	—	30 décembre 1890.
MICHAUD.	—	11 juillet 1891.
CHIPPEAUX.	—	9 juillet 1892.

ÉTAT DES OFFICIERS

faisant partie du 114ᵉ Régiment d'infanterie le 1ᵉʳ novembre 1870,
jour de son organisation par le général Susbielle, suivant procès-
verbal de M. le sous-intendant de Kervenoaël.

État-major

MM. VANCHE, lieutenant-colonel commandant le Régiment.

SWINEY, chef du 1ᵉʳ bataillon.

MOWAT dit BEDFORT, chef du 2ᵉ bataillon.

THOMASSIN DE MONTBEL, chef du 3ᵉ bataillon.

PUIG, capitaine adjudant-major au 1ᵉʳ bataillon.

DUMONT, capitaine adjudant-major au 2ᵉ bataillon.

MARCEL, capitaine adjudant-major au 3ᵉ bataillon.

N....., capitaine-major.

N....., lieutenant d'habillement.

N....., lieutenant-trésorier.

MABILLAT, médecin-major de 2ᵉ classe, 1ᵉʳ bataillon.

SIFFLET, médecin-major de 2ᵉ classe, 2ᵉ bataillon.

N....., médecin-major de 2ᵉ classe, 3ᵉ bataillon.

1ᵉʳ bataillon

1ʳᵉ *compagnie.* — BOUVIER, capitaine ; PALLU, lieutenant ; ROGIER, sous-lieutenant.

2ᵉ *compagnie.* — BOUGAUD, capitaine ; TRILHA, lieutenant ; ZELLER, sous-lieutenant.

3ᵉ *compagnie.* — BEUNAULT, capitaine ; BARBIER, lieutenant ; LECLERCQ, sous-lieutenant.

4ᵉ *compagnie.* — HÉRAUX, capitaine ; CHANTEBIEN, lieutenant ; N....., sous-lieutenant.

5ᵉ *compagnie.* — CANAL, capitaine ; N....., lieutenant ; SERVANT, sous-lieutenant.

6⁰ *compagnie*. — COSNE, capitaine ; BOURGOGNE, lieutenant ; DOYEN, sous-lieutenant.

2ᵉ bataillon

1ʳᵉ *compagnie*. — ISNARDON, capitaine ; REY, lieutenant ; DULPHY, sous-lieutenant.

2⁰ *compagnie*. — GERRIET, capitaine ; N....., lieutenant ; LAMOTTE, sous-lieutenant.

3⁰ *compagnie*. — POUEY, capitaine ; JÉGOUDEZ, lieutenant ; ROUSSELET, sous-lieutenant.

4⁰ *compagnie*. — HAYOT, capitaine ; LAPIERRE, lieutenant ; CAZAL, sous-lieutenant.

5⁰ *compagnie*. — BESNUS, capitaine ; CHARPENTIER, lieutenant ; MONNA, sous-lieutenant.

6⁰ *compagnie*. — MATHIS, capitaine ; CONSTANT, lieutenant ; DALIX, sous-lieutenant.

3ᵉ bataillon

1ʳᵉ *compagnie*. — NOEL, capitaine ; BLETON, lieutenant ; N....., sous-lieutenant.

2⁰ *compagnie*. — LEMONNIER, capitaine ; N....., lieutenant ; TRITSCH, sous-lieutenant.

3⁰ *compagnie*. — CASTELNOVO, capitaine ; FAURITE, lieutenant ; PÉPIN, sous-lieutenant.

4⁰ *compagnie*. — DIEM, capitaine ; N....., lieutenant ; SOUDÉE, sous-lieutenant.

5⁰ *compagnie*. — ALLIEY, capitaine ; FLORENTIN, lieutenant ; DE FOUCAULT, sous-lieutenant.

6⁰ *compagnie*. — HEINRICH, capitaine ; HENRIOT, lieutenant ; LION, sous-lieutenant.

COMPOSITION DU 2ᵉ BATAILLON DU 114ᵉ

LE JOUR DE SON DÉPART POUR L'EXPÉDITION DE TUNISIE

MM. GONDAR, chef de bataillon.
LAPIÈRE, capitaine adjudant-major.
AMIARD-FORTINIÈRE, médecin aide-major de 1ʳᵉ classe.

1ʳᵉ *compagnie.* — GUIDASCI, capitaine ; GODEAU, lieutenant ; BARATON, sous-lieutenant.

2ᵉ *compagnie.* — NEY, capitaine ; GUIMBAL, lieutenant ; MELIN, sous-lieutenant.

3ᵉ *compagnie.* — DEBIZE, capitaine ; LEGAL, lieutenant ; DESOMBRE, sous-lieutenant.

4ᵉ *compagnie.* — VOLUISANT, capitaine ; BLONDEAU, lieutenant ; LEJEUNE, sous-lieutenant.

Sous-officiers 23
Hommes de troupe 291

10

COMPOSITION DU RÉGIMENT LE 15 JUILLET 1892

MM. Bertrand, ✵, colonel.
Rungs, ✵, lieutenant-colonel.
de Bouilhac, ✵, major.
Lécureuil, capitaine-trésorier.
Dumont, ✵, capitaine d'habillement.
Quéret, lieutenant officier-payeur.
Caussanel, porte-drapeau.
Petit, médecin-major de 1re classe.
Lejeune, médecin-major de 2e classe.
Jacquemin, médecin-major de 2e classe.
Vivier, chef de musique.

1er bataillon

MM. Arbez, chef de bataillon.
Prévau, ✵, capitaine adjudant-major.

1re compagnie. — Séatelli, capitaine ; Royer, lieutenant, N.....

2e compagnie. — de Varinay, (O. A), capitaine ; Houot, lieutenant ; Ruelland, sous-lieutenant.

3e compagnie. — Delastre, ✵, capitaine ; Sousselier, lieutenant ; Loret, lieutenant.

4e compagnie. — Coussaud-Dullié, ✵, capitaine ; Baraton, lieutenant ; d'Auzac, sous-lieutenant.

2e bataillon

MM. Lecat, ✵, chef de bataillon.
Cazeaux, capitaine adjudant-major.

1re compagnie. — Mesnard, capitaine ; Bernadotte, lieutenant ; de Perrien, sous-lieutenant.

2ᵉ *compagnie*. — BERTAUX, capitaine ; ENAUX, lieutenant ; BEAUCHET-FILLEAU, lieutenant.

3ᵉ *compagnie*. — BONEILL, ✜, capitaine ; NIGOTE, lieutenant ; BONVALOT, lieutenant.

4ᵉ *compagnie*. — MASCHETTI, ✜, capitaine ; GARRIGUE, lieutenant ; DE CARLES, sous-lieutenant.

3ᵉ bataillon

MM. FIGIÉ, ✜, chef de bataillon.
LARROUY, ✜, capitaine adjudant-major.

1ʳᵉ *compagnie*. — PELTIER, capitaine ; GUILLEMET, lieutenant ; DE LA ROCHEBROCHARD, lieutenant.

2ᵉ *compagnie*. — CHEVREAU, capitaine ; GANDON, lieutenant ; CHODZKO, lieutenant.

3ᵉ *compagnie*. — FRANÇOIS-ARLINCOURT, ✜, capitaine ; AMAT, lieutenant ; D'AUZERS, lieutenant.

4ᵉ *compagnie*. — PONS, ✜, capitaine ; DESGENE, lieutenant ; BABIN, lieutenant.

Cadres complémentaires

M. FALKOWSKI-DOLIWA, ✜, chef de bataillon,

1ʳᵉ *compagnie*. — BORY, capitaine ; D'HAUTERIVE, lieutenant.

2ᵉ *compagnie*. — DUCROT, capitaine ; AMADIEU, lieutenant.

3ᵉ *compagnie*. — GROS DE BÉLER, capitaine ; POCQUET DE LA MARDELLE, lieutenant.

4ᵉ *compagnie*. — FOSSET, capitaine ; NICOLAS, lieutenant.

Surnuméraire. — DE PONGERVILLE, lieutenant.

OFFICIERS DE RÉSERVE

Capitaines : MM. POYAUD (J.) ; VIDAL (L.).

Sous-lieutenants : MM. EPRON (H.-A.-J.-A.) ; FOURNIER DE BOISAIRAULT D'OYRON (L.-P.) ; ALLARD (L.-M.-T.-A.) ; THOMAS

(F.-J.-C.) ; Guignard (A.-L.-E.) ; Mouchet (G.-F.) ; Baille-Bar-
relle (L.-H.) ; Bouffard (D.-E.-F.) ; Baudouin (F.-J.) ; Girault
(J.-A.) ; Vayriot (L.-H.) ; Gringuillard (J.-R.) ; Lucas (M.-H.) ;
Maillou (P.-A.) ; Godin (A.-L.) ; Moudon (A.-G.) ; Béguier (E.) ;
Clerfeuille (G.-J.) ; Fourmy (F.-L.) ; Dumussy (P.-A.-J.-M.-J.) ;
Cornuault (A.-F.-M.) ; Giret (A.-P.) ; Glinel (P.-A.-P.) ; Gysel
(B.-L.-F.) ; Bafoux (F.-E.) ; Bordier (P.-M.-M.) ; Benoist (F.-E.) ;
Poupard (L.-C.) ; Pélisson (P.-E.-E.) ; Proust (E.) ; Triquet
(P.-G.) ; François (F.-E.) ; Pougnard (H.) ; Lemonnier (N.-A.) ;
Bugnet (P.-E.) ; Proust (J.-F.) ; Saladin (C.-S.) ; Dugenait
(L.-H.) ; Pamart (R.-A.) ; Allard (J.-C.-N.).

Médecins aide-major de 2º classe : MM. Lagente (J.-B.-M.) ;
Clarot (G.-J.-L.) ; Gerbier (L.-A.-A.).

ÉTATS DE SERVICES

des Lieutenants-Colonels et Colonels ayant exercé le commandement du Régiment

Vanche (Philippe), lieutenant-colonel. — Né le 14 janvier 1825,
à Échenoz-la-Méline (Haute-Saône). Au service du 28 janvier 1843.
Soldat, caporal, sous-officier au 31º de ligne. Sous-lieutenant,
lieutenant, capitaine et adjudant-major au 27º de ligne. Major au
58º de ligne. Lieutenant-colonel au 14º de marche (19 août 1870)
et au 114º de ligne.

Campagnes. — Afrique, du 5 juin 1843 au 7 avril 1848. —
Armée de Paris, 1852 — Crimée, du 18 juin 1854 au 22 juin 1856.
— Italie, du 1ᵉʳ mai au 24 août 1859. — Allemagne, du 30 août
au 21 décembre 1870.

Blessures. — Une plaie contuse à l'assaut de Malakoff. — Blessé
d'une balle à la poitrine le 13 octobre 1870 à la reconnaissance
faite sur le village de Châtillon.

Décorations. — Médaille de S. M. la reine d'Angleterre. Médaille d'Italie. Chevalier, officier de la Légion d'honneur.

Radiation. — Nommé colonel au 35° le 21 décembre 1870.

*
* *

BOULANGER (Ernest), lieutenant-colonel et colonel. — Né le 29 avril 1837, à Rennes. Au service du 5 janvier 1855. Élève à l'École spéciale militaire. Sous-lieutenant et lieutenant au 1ᵉʳ tirailleurs. Lieutenant et capitaine au bataillon de Cochinchine du 1ᵉʳ tirailleurs. Capitaine au 53ᵉ de ligne détaché à l'École spéciale militaire. Chef de bataillon au 13° de marche. Lieutenant-colonel et colonel au 114° de ligne.

Campagnes. — Afrique, du 27 décembre 1856 au 22 avril 1859. — Italie, du 23 avril au 4 août 1859. — Afrique, du 20 août 1859 au 14 octobre 1861. — Cochinchine, du 15 octobre 1861 au 3 mai 1864. — Allemagne, du 30 août 1870 au 7 mars 1871. — Intérieur, du 18 mars au 7 juin 1871.

Blessures. — Blessé d'un coup de feu à la partie gauche du thorax, le 3 juin 1859, au combat de Turbigo. — Blessé d'un coup de lance à la cuisse gauche, le 24 février 1862, à l'attaque de Traïdent (Cochinchine). — Blessé d'une balle à l'épaule droite, le 30 novembre 1870, au combat de Champigny. — Blessé au coude d'un projectile, le 24 mai 1871, aux barricades de Paris.

Citations. — Cité à l'ordre de l'armée (enlèvement des barricades de Bourg-la-Reine), le 11 mai 1871. — Cité à l'ordre de l'armée (enlèvement des barricades de Cachan), le 18 mai 1871.

Décorations. — Chevalier, officier, commandeur de la Légion d'honneur. Chevalier de Saint-Maurice et de Saint-Lazare (Italie). Médaille d'Italie. Chevalier de l'ordre d'Isabelle-la-Catholique (Espagne).

Radiation. — Passé lieutenant-colonel au 109°, le 21 décembre 1871, ayant été remis lieutenant-colonel par la Commission de révision des grades.

*
* *

DE BONNET DE MAUREILHAN DE POLHÈS (Marie-François),

colonel. — Né le 3 janvier 1821, à Béziers (Hérault). Au service du 22 novembre 1840. Elève à l'Ecole spéciale militaire. Sous-lieutenant, lieutenant et capitaine au 2⁰ de ligne. Capitaine au 7⁰ de ligne, 82⁰ de ligne et 2⁰ voltigeurs de la garde. Chef de bataillon au 99⁰ de ligne. Lieutenant-colonel au 87⁰ de ligne et au 19⁰ provisoire. Colonel du 114⁰ de ligne. (Décret du 14 décembre 1871.)

Campagnes. — France, 1851. — Afrique, du 18 mai 1853 au 7 mai 1854. — Orient, du 8 mai 1854 au 3 décembre 1855. — Italie, du 1ᵉʳ mai au 3 août 1859. — Contre l'Allemagne, du 24 juillet 1870 au 13 mars 1871.

Blessures. — Contusion à la tête et à l'œil gauche, le 23 mars 1855, devant Sébastopol. — Contusion au genou gauche, le 16 août 1855 (bataille de la Tchernaïa).

Décorations. — Chevalier, officier, commandeur de la Légion d'honneur. Médaille de S. M. la Reine d'Angleterre. Médaille d'Italie. Médaille militaire de la Valeur de Sardaigne. Commandeur de l'ordre pontifical de Saint-Grégoire-le-Grand.

Radiation. — Admis à la pension de retraite par décret du 5 février 1881.

* * *

ANTONINI (Eugène-René), colonel. — Né le 11 juin 1827, à Montemaggliore (Corse). Au service du 12 juin 1845. Soldat, caporal, sergent et fourrier, sergent-major, adjudant et sous-lieutenant au 10⁰ de ligne. Sous-lieutenant au 7⁰ bataillon de chasseurs. Lieutenant au 5⁰ bataillon de chasseurs. Capitaine aux 6⁰ et 4⁰ bataillons de chasseurs. Chef de bataillon au 8⁰ régiment de marche. Lieutenant-colonel au 108⁰ de ligne. Colonel du 114⁰ de ligne. (18 février 1881.)

Campagnes. — Afrique, du 4 février 1854 au 3 avril 1855. — Orient, du 4 avril au 1ᵉʳ juin 1855. — Italie, du 28 avril au 29 juillet 1859. — Allemagne, du 30 septembre 1870 au 9 mars 1871. — Afrique, du 17 avril 1875 au 24 mars 1876.

Blessures. — Blessé le 10 octobre 1870 à la bataille d'Arthenay, d'un éclat d'obus à la première phalange du petit doigt de la main droite.

Décorations. — Chevalier, officier de la Légion d'honneur. Médaille de S. M. la Reine d'Angleterre. Médaille d'Italie. Chevalier de l'ordre de Saint-Maurice et Saint-Lazare.

Radiation. — Décédé au corps, à Saint-Maixent, le 21 janvier 1882.

***

DURRMEYER (Achille-Antoine), colonel. — Né le 14 janvier 1830, à Chartres (Eure-et-Loir). Au service du 13 octobre 1848. Élève à l'École spéciale militaire. Sous-lieutenant au 60° de ligne. Lieutenant, capitaine et adjudant-major au 16° de ligne. Chef de bataillon au 39° de marche, aux 10° et 3° d'infanterie. Lieutenant-colonel au 3° d'infanterie. Colonel au 114° d'infanterie (23 février 1882).

Campagnes. — Afrique, du 8 avril 1852 au 27 octobre 1854 — Afrique, du 13 octobre 1868 au 2 novembre 1870. — Allemagne, du 3 novembre 1870 au 7 mars 1871. — Tunisie, du 19 juillet 1881 au 31 mars 1882.

Blessures. — A eu les deux cuisses traversées par une balle le 9 novembre 1870 à la bataille de Coulmiers.

Décorations. — Chevalier, officier de la Légion d'honneur.

Radiation. — Nommé général de brigade par décret du 26 décembre 1887.

***

CRÉTIN (Charles-Joseph), colonel (n'a pas paru au corps). — Né le 6 novembre 1841, à Besançon (Doubs). Au service du 3 novembre 1859. Élève et sergent à l'École spéciale militaire. Sous-lieutenant à l'École d'application d'état-major. Lieutenant et capitaine au corps d'état-major. Chef de bataillon au 110° d'infanterie et à l'état-major. Lieutenant-colonel au 48°, à l'état-major, et au 18° d'infanterie. Colonel du 136° et du 114° (4 janvier 1888).

Campagnes. — Mexique, du 17 février 1866 au 10 mai 1867. — Algérie, du 12 avril au 25 juillet 1870. — Allemagne, du 26 juillet

1870 au 12 mars 1871. — Algérie, du 6 juin 1871 au 6 novembre 1873. — Tunisie, du 16 avril au 21 juin 1881. — Algérie, du 13 juillet 1881 au 7 juillet 1882. — Tonkin, du 23 décembre 1883 au 14 juin 1886.

Citations. — Cité à l'ordre général du corps expéditionnaire du Tonkin en date du 16 mars 1884 pour s'être particulièrement distingué dans la journée du 12 mars 1884 (prise de Bac-Ninh). — Cité à l'ordre général du corps expéditionnaire du Tonkin pour s'être particulièrement distingué dans la nuit du 5 juin 1885 (prise de la citadelle de Hué).

Décorations. — Chevalier, officier de la Légion d'honneur. Médaille du Mexique. Chevalier de l'ordre impérial de N.-D. de Guadelupe.

Radiation. — Passé avec son grade au 9° de ligne le 5 octobre 1888.

* * *

SORLIN (Simon), colonel. — Né le 21 juin 1831, à Pouilly-en-Auxois (Côte-d'Or). Au service du 27 avril 1852. Soldat, caporal, fourrier, sergent, sergent-major, adjudant, sous-lieutenant, lieutenant au 7° de ligne. Détaché comme lieutenant aux compagnies franches, puis au 6° bataillon de Cazadorès (Mexique). Capitaine et adjudant-major au régiment étranger et au 69° de ligne. Major au 89°. Chef de bataillon au 113°. Lieutenant-colonel au 137°. Colonel du 114°. (5 octobre 1888.)

Campagnes. — Orient, du 6 mai 1854 au 11 mai 1856. — Rome, du 16 septembre 1860 au 5 janvier 1863. — Mexique, du 2 février 1863 au 14 mars 1867. — Allemagne, du 19 juillet 1870 au 9 avril 1871.

Blessures. — Blessé le 8 septembre 1855 à l'assaut de la Tour Malakoff : 1° d'un coup de feu à la partie postérieure de la cuisse gauche ayant produit une plaie profonde des parties molles ; 2° d'un coup de feu qui, après avoir atteint la plaque du ceinturon, a produit une plaie contuse à la région épigastrique.

Décorations. — Chevalier, officier, commandeur de la Légion d'honneur. Médaille de S. M. la reine d'Angleterre. Médaille du Mexique.

Radiation. — Admis à la retraite par décret du 29 juin 1891.

* *

BERTRAND (Emile-Alfred), colonel. — Né le 23 mai 1835, à Givet (Ardennes). Au service du 13 novembre 1854. Elève à l'Ecole spéciale militaire. Sous-lieutenant et lieutenant au 15° bataillon de chasseurs. Capitaine et adjudant-major au 12° bataillon de chasseurs. Major et chef de bataillon au 16° de ligne. Lieutenant-colonel du 141° de ligne et du 2° tirailleurs. Colonel du 4° d'infanterie et du 114° (13 juillet 1891).

Campagnes. — Italie, du 30 avril 1859 au 19 avril 1860. — Afrique, du 24 décembre 1867 au 7 novembre 1868. — Allemagne, du 17 juillet 1870 au 29 mars 1871. — Afrique, du 3 février 1888 au 16 mai 1889.

Blessures. — Contusion à la cuisse droite par une balle à la bataille de Gravelotte, le 16 août 1870.

Décorations. — Chevalier de la Légion d'honneur. Médaille d'italie.

Commande actuellement le Régiment.

ACTES DE COURAGE ET DE DÉVOUEMENT

---

29 mai 1881. — BOUCHARD (Maxime), soldat de 2° classe. A arrêté dans une rue de Saint-Maixent deux chevaux emportés attelés à une voiture, et dont le cocher ne pouvait se rendre maître. A obtenu, le 10 septembre 1881, une médaille d'honneur en argent de 2° classe.

* *

26 octobre 1882. — DUGAST, adjudant. Est entré, au péril de sa vie, dans une maison incendiée et a sauvé un jeune enfant dont le lit était déjà atteint par les flammes. A reçu, le 5 mars 1883, une médaille d'honneur de 2⁰ classe.

*
* *

24 août 1891. — CHASSAT, soldat de 2⁰ classe. A arrêté à Thouars un cheval emporté qui s'était débarrassé de sa bride. Nommé soldat de 1ʳᵉ classe en récompense.

*
* *

20 mai 1892. — CORDEAU, soldat de 2⁰ classe. A arrêté à Parthenay un cheval emporté attelé à une voiture.

RÉPERTOIRE ALPHABÉTIQUE

Officiers et hommes de troupe du 114e

CITÉS DANS LE PRÉSENT VOLUME

TABLE DES MATIÈRES

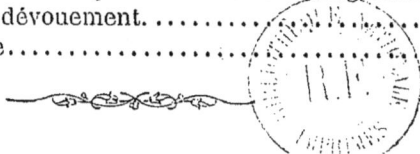

www.ingramcontent.com/pod-product-compliance
Lightning Source LLC
Chambersburg PA
CBHW072034080426
42733CB00010B/1885